幻想艺术
创作技法系列

幻想艺术
CG游戏教程

HOW TO CREATE FANTASY ART
FOR VIDEO GAMES

（美）比尔·斯托纳姆／著　刘硕／译

中国青年出版社
CHINA YOUTH PRESS
中青雄狮

目录
CONTENTS

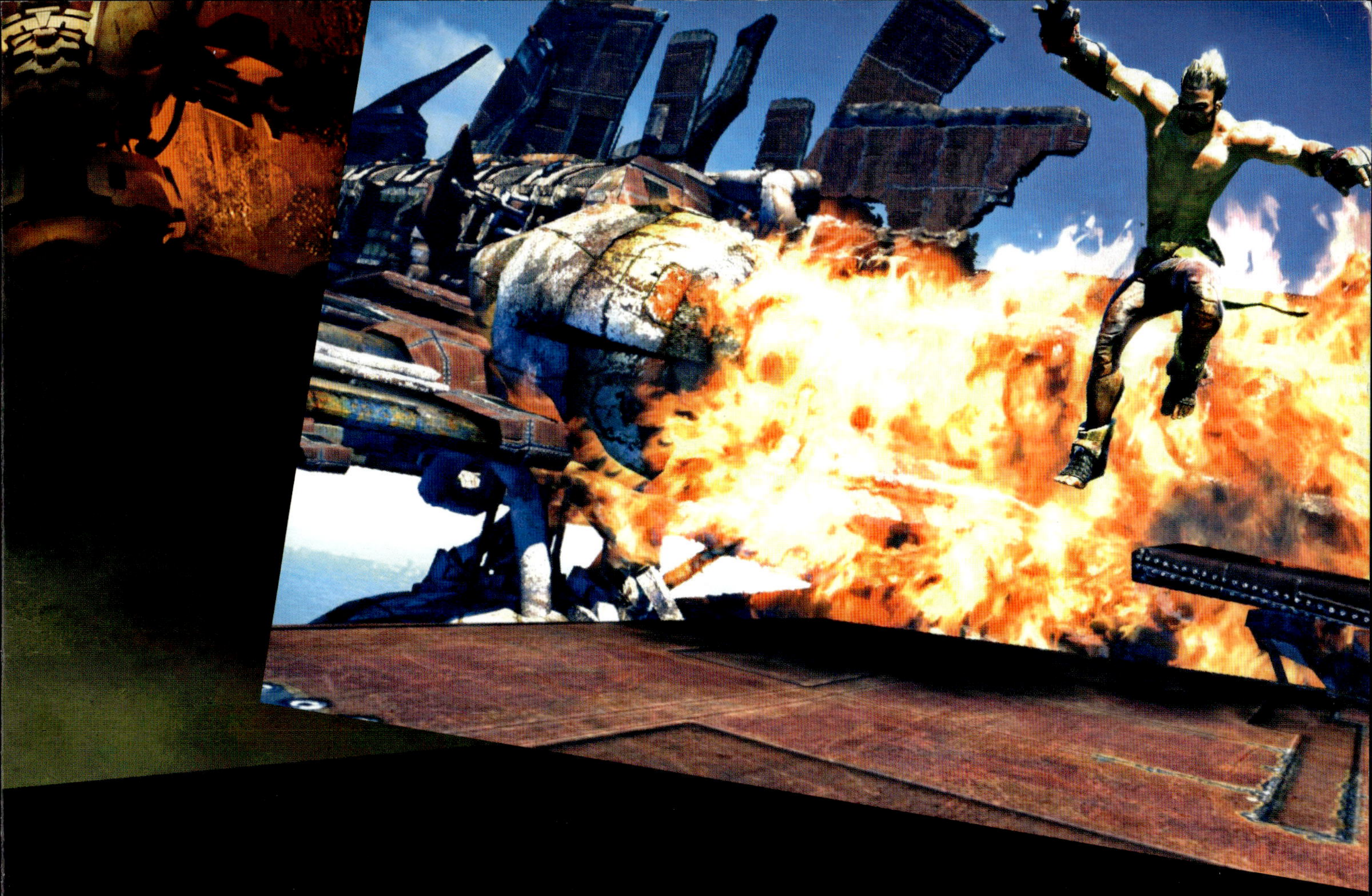

前 言

《幻想艺术创作技法系列：幻想艺术CG游戏教程》在视频娱乐领域内，对数字艺术的应用做了总体性的介绍。从传统媒介到数字媒介的过程中，读者将会学习到在视频游戏中创造奇幻艺术的基础知识。

在这个领域，我已有近二十年的工作经验，同时也跟很多天赋异禀的艺术家和富有创造力的导演合作过，他们均令我受益匪浅。因此本书集中体现了我个人与业界最杰出艺术家们的思想与经验。

本书献给我的女儿艾琳·罗斯（Eryn Rose）和她的同龄人，祝愿他们的艺术天分可以由此得以发挥。

比尔·斯托纳姆（Bill Stoneham）

关于本书

本书将按照幻想类视频游戏艺术设计的创作顺序，分章节进行讲解，内容囊括了从选择正确的工具和软件，到如何提高概念图的效果，再到三维数字模型等方面。

本书将致力于讲述该如何为视频游戏绘制出带有幻想概念的艺术作品。在“**二维概念设定**”这一章节中，将带你领略构筑幻想世界的核心绘画技巧。如果你希望将自己的二维概念艺术形式转化为三维形式，那么“**三维概念设定**”，将会让你学习到作为一名数字建模师、关卡设计师和材质贴图师应具备的核心技术。在“**画集**”这一展示世界知名设计师作品的章节之前，“**综合运用**”将会对你所学过的所有技巧做出总结。如果你是一名数字绘图的新手，那么本书的最后——“**数字设计工具包**”，也会帮助你提高Photoshop软件的使用技巧，同时教会你如何选择不同的软件进行创作。

▼ 二维概念设定

为提高幻想类游戏角色、场景的概念设计，本章从故事板的绘制到色彩、灯光、构图、透视等基础艺术理论，提出了许多优秀的建议和方法。而且“艺术家工作室”这一特殊的“案例分析”专题，全面展示了彩色的艺术作品。你可以站在艺术家的肩膀上，探寻他们最常用的工作方法，并将其融入自己的工作中。同时，每一个案例都包含了一个“黄金法则”——来自业内专家的金玉良言。

头部与面部的绘制 33

艺术家工作室

作品名称：半兽人（Orc Boy）

作者：J.P.塔吉特（J.P.Targete）

应用软件：本数字图像由Autodesk公司出品的雕刻软件Mudbox（详情查看第153页）制作而成。许多艺术家会使用诸如ZBrush、Mudbox以及3D-Coat来创作“概念雕塑”，只是将二维概念创作用三维技术表现。这些展现出了艺术家在终稿中的优秀创意。

技巧：首先我会从一个球体开始绘制，然后用分割多边形和增加细节的方式将模型慢慢建立起来。一旦我对画草图比较满意，便会开始在上面继续进行绘制。Mudbox软件具有不错的绘画工具，虽然不像Photoshop软件那么优秀，但是已经足够好了。最令人欣喜的是这些绘画工具可以让你实时地绘制出对称图像。而且还可以在不同的材质特效通道上绘图，比如高光、光泽度、凹凸贴图，以便增加更多我所需要表现的实际效果。当完成了绘制后，我会对模型进行截图，然后用Photoshop软件进行润色并添加背景。这时的润色是次要的，我只是将那些在截屏时变得模糊的轮廓线清晰化。

黄金法则：完善角色

我打算通过困苦阴郁的表情来表现一个非典型的半兽人角色。眼睛、额头和嘴部的造型将成功地传达出这种感觉。作为人类，我们每天都会做出这些表情。如果为一个非人类角色建立一些表情，那么角色便可以被任何我们想要赋予给他们的情感充实起来。你会将角色完善，观众也会相信这些。试着运用如下练习：

• 试着在镜子前练习面部表情，观察自己面部的形变、肌肉的运动，还有体块的变化，特别是要注意额头和颧骨周围。

• 画出你所看到的。观察面部能够增强写实感的微妙动作，并思考你想要表达的情感，而不是单纯地玩文字游戏——一个微笑的面部表情和洋溢着幸福的面部表情是有着明显区别的。

• 在下一个角色创作中，使用你曾经表现过的情感，角色会更加生动。

使用镜像绘图

用软件制作面部和身体的一个好处就是可以创作对称图像。对称的面部呈现出怪诞的特征。在角色完美对称的脸上写满了冷漠。这里的两幅原始作品被纵向的中轴线分开，每边的半张脸都被复制、反转，然后再将两个完全相同的半张脸拼贴在一起，创作出两个相同但又完全不同的角色。

原始作品

首先扫描你的草图，找出面部的正中心，然后把它垂直等分成两份。复制A面和B面，并将他们（A1和B1）水平反转。将A和A1合并，B和B1合并。

原始作品

这里，有一个十分扭曲而且不对称的面部。对一个已经夸张过的角色面部做镜像，会制造出两个截然不同的角色。但是你会发现它们还是会有着共同的特性。像左边图像一样，剪切、反转并合并图像。

A+A1

歪斜的头发和阴郁的心情，使这个面部看起来像个男巫。

A+A1

A和A1组合创作出一个三角形的、像啮齿类动物的面部，突显了角色的疯狂。

B+B1

图像被镜像之后，拉长的面部让其看上去像个沉默寡言的店员。

B+B1

B和B1组合成为了一个蛋形的头部，这个角色看上去类似一个两栖生物，而且还带有一点忧郁。

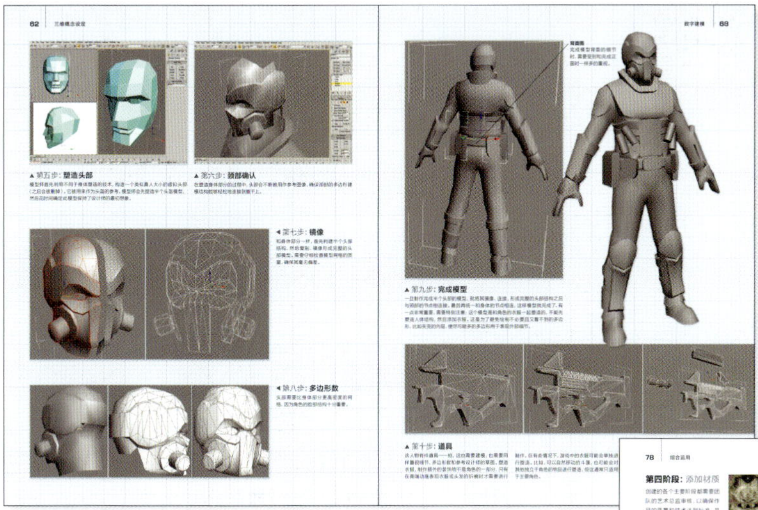

◀ 三维概念设定

本章通过数字建模、三维材质贴图及交互环境这几个方面讲述了如何运用三维模型来展现你所设计的角色。本章清晰的讲解将一步步引导你掌握这些复杂的技术。

▶ 综合运用

来自Sony Online Entertainment（U.S.）公司的专家乔·舒帕克（Joe Shoopack）将为你展示一个实际案例的制作过程。在这一部分中，你将看到《无尽的任务 II》（EverQuest II）游戏中特厄（Theer）这个角色是如何从粗模通过一步步制作，最终完成角色设计的。

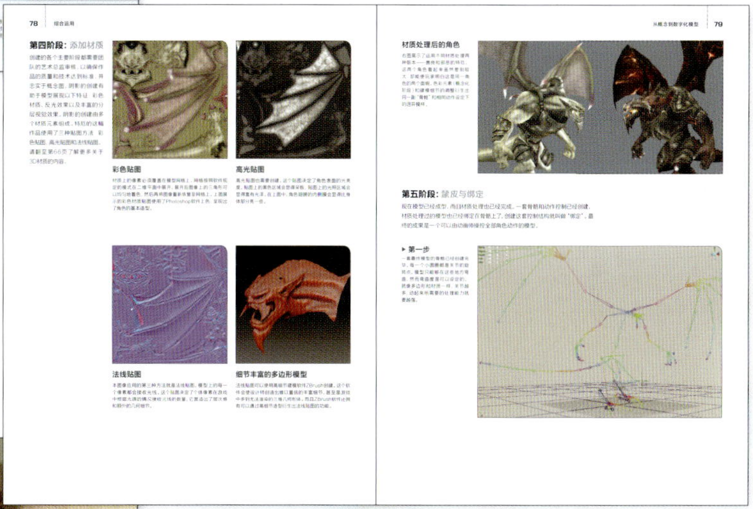

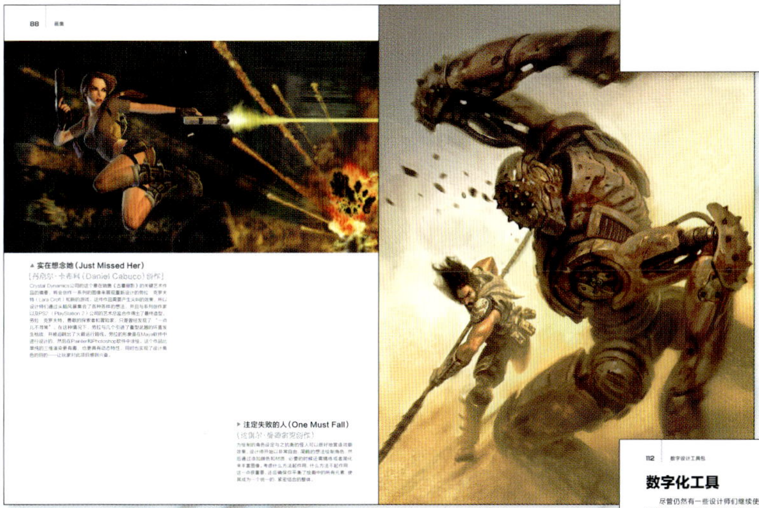

◀ 画集

来自全世界幻想类视频游戏艺术家的艺术作品经过整理后，将在这一章节集中展现，可为你的创作带来灵感。

▶ 数字设计工具包

Adobe Photoshop软件被广泛应用在书籍数字印刷方面，而本章将会探索更多其他的用法。也许你正打算梳理一下你所掌握的Photoshop软件的技巧，或许你正打算去购买另一套绘图软件，又或是你正对传统技术和数字技术的选择犹豫不决。本章将为你提供丰富而实用的建议和辅助教程。

在场景背后

一位概念设计师正在美国Sony Online Entertainment公司总部为一个游戏场景绘制素描草图。

Sony Online Entertainment 公司开发并发行了很多特定类型的游戏。

游戏产业介绍

众所周知，视频游戏现在已进入 3D 时代，它已从文字冒险游戏方式发展到充满了写实场景和角色的、具有惊人带入感的 3D 互动式游戏。

从最初的设想到最终的发行，游戏产品生产的每一步都围绕着游戏市场化展开。整个生产流程需要以一个具有高度组织性和协调性的经营方式作为保障。许多现代游戏动辄就要几百万的资金投入，项目完成期限又往往不容更改，且一旦违反便会面对经济惩罚。因此，人事部门和项目管理人员的工作技巧现在就显得越发重要——如此一来，游戏业的发展和汽车等制造业就没有什么不同了。有时，即便是对于深谋远虑、运筹帷幄的管理人员，也会碰到很多无法预料的难题。当管理人员碰到这样的情况时要做到：降低其发生的可能性，同时将不利影响最小化——这就是工作的关键。

参与者

在设计工作之初，会有一两个人，或者一个工作小组来开发最原始的创意。这些人可能是公司的高级设计师，或是专门负责开发新概念的创意组专家。一旦一个创意被允许进入下一步的开发，那么这个创意可能就会移交给一个稍大的团队，这个团队主要由以下几组人员构成：

设计师

游戏设计师负责游戏的视觉效果和游戏体验，并构建概念、故事、整个游戏世界，及完成游戏规则。设计师们总是忙碌于游戏中能够吸引公众注意力的方面，然后努力做到更好。创意组内部的“设计师”们都有各自的分工，比如游戏设计师、编剧、关卡设计师等。按照职务高低，囊括了初级职员到能够管理很多员工的领导者。

美术与动画人员

美术与动画人员会根据二维草图制作出直观的三维模型与动画，用视觉化的形式把设计师的意图展现出来。这些视觉化的元素在确立游戏独特风格方面是非常必要的。美术与动画人员也可能是数字建模师和那些为游戏创作艺术资源的动画师。

音效与音乐工程师

在现代游戏设计中，音效是个异常重要的

游戏开发流程总览

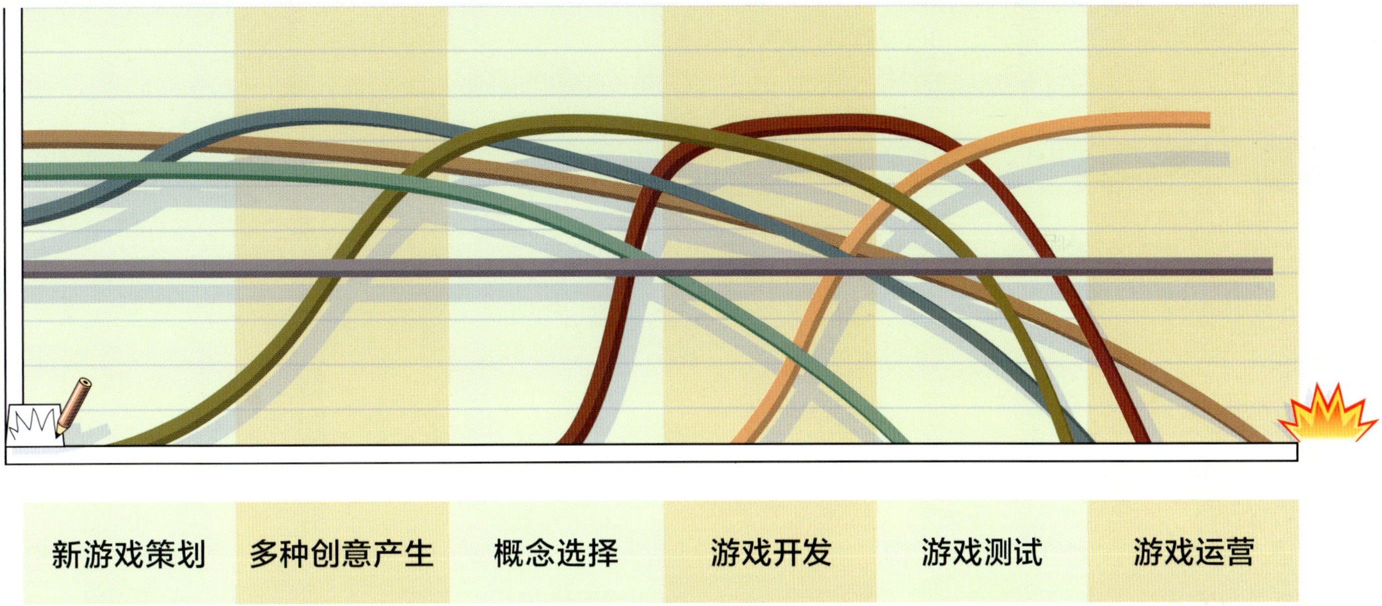

设计师
- 游戏概念开发
- 游戏故事创作
- 游戏关卡设计
- 游戏规则设计

概念设计师
- 概念艺术创作
- 游戏视觉形象开发

三维设计师和动画师
- 数字模型制作与装配
- 游戏动画生成
- 剪辑
- 资源形成

音效与音乐工程师
- 音效制作
- 音乐制作

测试人员
- 寻找问题
- 给予反馈

程序员
- 游戏引擎开发
- 游戏标准化
- 程序编写

管理人员
- 不同的管理人员监督游戏制作的不同阶段

本图表现了一个典型的游戏开发项目在不同阶段的大体情况。本图不考虑多个项目同时进行，以及公司拥有其他制作团队或工作人员的情况。

元素，因此音效与音乐工程师便是举足轻重的角色。此项工作可能会涉及游戏设计方面，也会在为游戏软件添加配乐时涉及更多技术方面的工作。

程序员

程序员负责为推动游戏的引擎编写程序。尽管他们都具备较高的技术背景，但对许多程序员来说依然需要在技术方面拥有创造力。虽然编程是一种枯燥的逻辑工作，但倘若所编程序是用来表现微风或者踢足球的声响在空气中传播的效果，那么程序就必须编写得能够让人感同身受。从事此类工作的显然是软件工程师和程序员，但是按照不同的职责还可以继续向下细分，如人工智能程序员或平台设计师。

品质保证与测试

QA（Quality Assurance）——品质保证，专家和测试人员负责确认游戏是否可以正常运行并满足要求。游戏测试人员是保证这项工作的核心，他们通过不停地试玩早期版本的游戏来检验游戏是否会出现崩溃、停止运行等状况，或者是否存在玩家能够作弊的漏洞。虽然游戏测试工作的收入并不可观，但这是一个进入游戏产业非常好的方法。因为游戏测试者是那种能够快速了解一款游戏各个方面的玩家，也是有足够的专业知识将试玩游戏与其他游戏作比较的玩家。游戏测试人员的反馈意见将会按照从确定的简单技术漏洞到不理想的游戏情节的顺序排列起来。

管理人员

游戏开发是一门大生意，因此公司内的各个机构和项目管理者都必须参与其中。而在所有管理人员，比如项目经理、程序经理、艺术总监之上，还会有一位总负责人。这些管理职务一般都会让经验非常丰富的人员来担任，他们的工作就是监督整个项目的进行，并保质保量地完成。

你适合做什么?

在为视频游戏做美术设计之前，是游戏概念的产生阶段。在创作游戏产品中，那些令人振奋的奇思妙想经常来源于:

- 孩子的天赋——比如他的妈妈就很擅长网球游戏;
- 独立制作人——矮小、神秘、形如枯槁、皮肤苍白、眼睛里布满血丝的“车库居住者”;
- 高收入的游戏设计师，能够对游戏行业产生巨大影响的游戏制作人;
- 你。(好吧，有什么理由不是呢?)

概念设计师

作为一名概念设计师，游戏开发之初的工作是非常重要的。创意总监和游戏设计师会向你提供一些能够激发概念创意的文件——本阶段被称为“核心概念”。这些文件会以视觉化的方式向你展示游戏的核心概念，并向你提供游戏中角色、生物、环境的信息，同时也展示出每个用来表示视觉化细节信息的色彩范围，比如一个大峡谷，或者一座建在森林上方的城堡。然而你的主要职责是:

- 为游戏中的环境提供核心概念;
- 创作过场动画的故事板;
- 创作游戏装置和游戏装备的概念;
- 创作游戏角色和主要生物的概念;
- 拟定非玩家控制的角色(NPCS)、动物和其他生物体的概念。

游戏类型

幻想类，作为视频游戏领域的一种比喻，大部分属于角色扮演类游戏，同时使玩家能够发展并提升自我角色。大多数的幻想类游戏都具有魔法和超自然能力的内容，有时也会加入神奇的科技，比如一个可以往返于宇宙中探险和中世纪战场的传送器。幻想类游戏的核心就是探索，它通常会让你对抗一个邪恶势力。除了幻想类以外，还有很多其他的游戏类型:

动作类

动作类游戏以体能、反应速度和协调能力为重点，游戏中的装置都具有挑战性和危险性。

- **典型实例:** FPS，第一人称射击(first-person shooter)游戏，如《半条命》(Half Life)。还有《毁灭战士》(Doom)，一个早期的FPS游戏，也是当时最好的FPS游戏，它开创了第一人称形式的三维图像和流行类型。

动作冒险类

动作冒险类游戏是一个“混血儿”，这造就了它在视频游戏中最为广阔的类型范围。一个典型的冒险类游戏具有处境上的问题和困惑。如《神秘岛》(Myst，Cyan Worlds公司出品)，或者《猴岛小英雄4: 逃离猴岛》(Escape from Monkey Island，Lucas Arts公司出品)，就都具备纯粹意义上的“冒险”，但它们没有或者很少有动作类游戏的特点。而动作冒险类游戏既有身体的反应也有处境上的问题，同时还具备了暴力和非暴力的情景。

- **典型实例:**《古墓丽影》(The Tomb Raider)、《战神》(the God of War)以及《神秘海域Ⅰ&Ⅱ》(UnchartedⅠ&Ⅱ)，这些都是说明动作冒险类游戏带有双重特质的有力例证。

《无尽的任务 II》

Sony Online Entertainment公司制作的《无尽的任务II》，是一款以出色的画面和角色在国际享有盛名的游戏。比如特厄这个角色就是一个在3D模型和材质方面给人留下深刻印象的例子。本书第76页详细地展示了这个角色从概念素描草图到渲染后数字模型的制作过程。

角色扮演类

恐怕世界上再也没有任何一种游戏类型能够像RPG，角色扮演类游戏(role-playing game)一样，能够点燃全世界玩家的热情了。这种以故事为基础的游戏，会在游戏世界里给玩家建立起一个神奇的化身，并创造出富有表现力的临场感。RPG游戏与其他类型的游戏比起来，更具奇幻色彩。

■ **典型实例：**MMPORPGs是非常流行的游戏类型。请看右侧列表中Blizzard公司出品的《魔兽世界》。

策略类游戏

RTS，即时战略类游戏（real-time strategy game），需要完善的计划来获得游戏的胜利。此类游戏强调战术策略和逻辑考验，很多游戏同时也夹杂着经济方面的考验和探索。

■ **典型实例：**席德·梅尔（Sid Meier）设计的《文明》（Civilization）、《魔兽争霸》（Warcraft）、《星际争霸》（Starcraft），以及《中土战争》（Battle for Middle Earth）都是此类实例。

查查看

《魔兽世界》（World of Warcraft），Blizzard 公司出品

这款游戏向玩家提供了一个高艺术性的对战世界。它是此类游戏中制作最为精致，也最为流行的，在全世界拥有几百万的玩家。

《无尽的任务Ⅰ&Ⅱ》，Sony Online Entertainment 公司出品

大部分的游戏玩家都是通过这款游戏进入到MMORPGs——多人在线角色扮演游戏（Massively Multiphayer Online Role Playing Games）的世界。《无尽的任务Ⅰ》以独特的角色分级和专业化为特征，成为了第一款风靡北美的3D版MMORPGs。之后的《无尽的任务 Ⅱ》凭借着出色的画面质量和令人难忘的角色创意也大获成功。

《永恒之塔》（Aion Online），NCsoft 公司出品

这款游戏通过令人难忘的游戏画面建立了一个高奇幻水平的游戏世界，尤其是作为游戏核心模块的空中战斗镜头更是令人印象深刻。

《科南时代》（Age of Conan），Eidos 公司出品

这款游戏的格斗系统允许进行复杂的连击。在更高的等级中，角色公会还可以建立城市和要塞。

《战锤 Online》（Warhammer Online），Mythic 公司出品

这款游戏以阵营对战的形式，最终目的便是疯狂地围攻敌方主城。

《最终幻想 Ⅺ》（Final Fantasy Ⅺ），Square Enix 公司出品

这款游戏的MMORPGs版是从一个著名的系列游戏改编而来的。

01 二维概念设定

本章将引导你获得灵感、提高绘图能力、创作出令人信服的幻想类角色，并在故事板中制定出角色自己的故事。在这一章，你将学到业内专家们在为幻想类视频游戏创作概念时所用到的必备技法。

信息收集

从自己身边、网络及其他幻想类设计师的作品入手，是学习优秀幻想类视频游戏概念和技法的基石。

去吴哥窟采风听起来如何？很多游戏公司预算充裕，足以承担外出调研开发的费用，这样便可以让设计师实地采集一些真实生动的草图与图片资料，以此作为设计游戏的相关素材。但对于雇主预算并不那么宽裕的美术师而言，即便是周边的短途采风，也可能只是个奢望。

帷幄之中

互联网是查找图片最好的资源库。在线的漫画书、幻想类网站、艺术家的博客，以及艺术传播网站都有很多能够激发个人想法的图像资料。请查看DeviantART网站（www.deviantart.com），这是为有追求的设计师量身打造的顶级插图类网站之一。在这里可以上传你的作品，可以获得建议，也可以讨论你的项目。

千里之外

当图片资料可以在电脑中找到的时候，户外采风对于那些很难与自己的电脑屏幕分离的人来说只是一个旅行机会。你可以到异域的海岸，实地考察一下那些经受数百万年风雨侵蚀和地壳运动所形成的侵蚀洞穴的惊人景色；或者可以去当地的动物园，通过对巨蜥的观察来想象恐龙的样子。你可以考察城区中心建筑的色彩与纹样，探究上面的细节设计，或研究与宫殿城堡相配的那些装饰华丽的大门；你还可以去领略城市公园内由奇异植物组成的美景，同时也可以在这里画出不同光线下的人物速写。另外，博物馆是一个展示古老手工艺品的巨大资料库，而且大部分的展品都来自于你所不了解的文化。

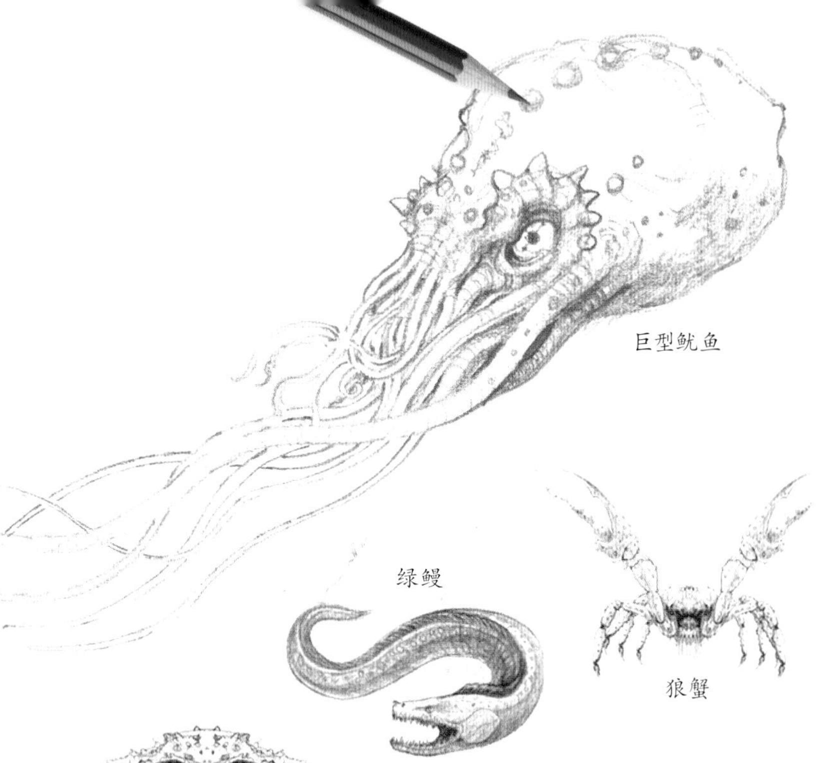

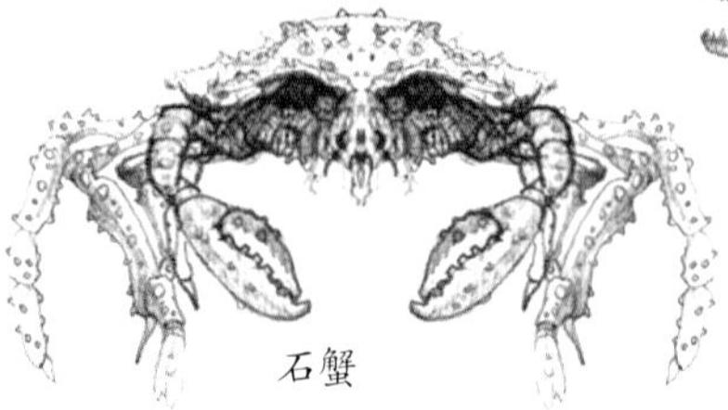

▲ 有计划地采风

这些海洋生物的草图是一次在当地鱼市采风时画的。参观一次水族馆，也能起到同样的作用。

◀▲ 实地写生

实地的风景素描为幻想类艺术创作中的装置或背景提供了良好的创作基础。一座冰封的雪山可以作为烧了一半的外星船的参考，也可以作为一群负重的武士向着山上堡垒进发的背景。

艺术家工作室

作品名称:《恐龙湾战争》(The Battle of Dragon Bay)

作者: 比尔·斯托纳姆(Bill Stoneham)

应用软件: Autodesk 3ds Max软件和Adobe Photoshop软件(见第113页)。

技巧: 当测试一个场景的时候,我必须时刻考虑画中物体的比例和强行透视。哪些材质和形状的细节能够使它们自身产生夸张的比例呢?请查看第14页更多关于“强行透视”的信息。

黄金法则:拿起相机

你并不一定需要一个多么高档的相机,但它可以记录下那些激发你想象力的素材。

这个玛雅雕像其实可以提供两种不同动作的雕像。我在Photoshop软件中将图片竖直分割,然后分别复制分割后的每半张图片,再分别把相同的两个半张贴合在一起。

成群的飞鸟为一组飞行着的飞龙做出了很好的参考。拍摄不同角度的照片将会帮助你将其转化为龙的形象。

岩石的造型提供了雕像、灯塔底座、台阶,以及洞穴门口的样貌。

在去恶魔岛的旅途中拍摄的灯塔的照片,恰好可以作为箭塔的模型。

这个古典样式的路灯和我要创作的灯塔完全相符,其中鳞状的斑点也展示了燃烧着永恒之火巨塔的样子。

瞬间的艺术

即兴创作是基于某人所处的环境和内心的情感，对其应激反应的“瞬间”创作。它能够产生新的思维方式、新的实践方法、新的造型结构或内涵，以及新的视觉表达。

创作周期进行得最有效的时候，是当设计师们能够完全凭借直觉了解故事，并且有合适的工具来表达自身想法的时候。换句话说，就是当你拥有速写本、素描工具、相机和一个创作主题的时候。

观察日常生活

即兴创作就是关于如何激发你的想象力和训练你的思维。比如当搭乘地铁的时候，留意你周围的一切——色彩、纹理、列车进出站时灯光的变化，以及随着灯光变化人们的表情。如果你只能看到人们的影子，同时这些人随身还带有其他物品，那么他们的影子会是什么样子呢？想象一下地铁驶出隧道后，来到了一个幻想的城市，建筑的外观改变了，列车也长出了翅膀；想象一片森林从建筑里伸展出来，或者设想一座无人的异域风格的建筑在乡间突兀地从森林中拔地而起。与此类似的场景在Mountain Ruins游戏中就有所体现。

强行透视

试试这样：小心地把相机放低到靠近地面的位置，再把一个熟悉的物体放在前景位置。然后拍摄一张照片，如此一来照片上的这个物体就会几乎覆盖整个背景。比如前景是一块石头，那么它看上去将会是一块巨岩。强行透视会使熟悉的东西陌生化，并且使你产生错觉。

素描手绘

细心观察周围实际风景中质感与光线的细节，尽可能精确地把它们描摹出来。

艺术家工作室

作品名称： Mountain Ruins 游戏

作者： 罗布·亚历山大（Rob Alexander）

工具： 铅笔和水彩

技巧： 本套作品展示了从现实中的场景到幻想场景的转化过程，因此掌握有机会转化为幻想作品的第一手资料很有必要。然而想要使从现实中收集到的元素保持协调统一是一个挑战。首先应熟悉岩壁的结构，然后我会简单地向上延伸，直到画完一块巨大的崖石，并把这块崖石画成一座高塔的基石。原图上那一片积雪被用来制造景深的效果，以及建立塔底的透视关系。

黄金法则：写生

写生是理解观察对象最好的方法，对于那些只有现实中才能产生的细节和变化也是如此。你需要用诸如建筑、场所、人物、动物等一切从现实世界中观察得来的，且又让你感兴趣的视觉信息塞满自己的脑袋。这些信息能够使你创作出独特的人物、场景，或是你自己设计的看上去真实可信的生物。我希望自己总能带着“世界还未开创完全，我会来设计余下部分”的态度来看待这个世界。我会不断地观察事物，增加或者创造缺失的元素。但不要为图画强加任何东西，你需要做的是听从细微之处的“召唤”，并将其表现出来。

提高训练

对幻想类艺术家来说，通过练习来开发自己的创造力既是一个很好的娱乐，也是形象塑造的有效方式。从浅显或平凡无奇的事物中进行推理是一个非常好的技法，同时这也可能催生出新的奇幻艺术脚本。不论是素材照片、个人资料还是实地考察，现实世界中寻常的物品和装置都为幻想类作品提供了灵感。

下面展示的一系列图画包含了作为创作来源的照片（1）和用轮廓线、明暗关系、阴影表现的素描稿。这个素描稿主要是根据原图所绘制的一个简单的铅笔稿（2）。随后这张画稿被形象化地进行了拆分，其他额外的元素也被加了进来（3）。如此一来，第一幅图中的小径变成了一条深沟；而厨房天花板和角落处的墙壁不见了，变成了城市景象。发挥你的想象力，看看你都能想到什么。

感受比例的魅力

通过一点想象和简单地绘制，你就可以将日常平淡无奇的物体变成巨大的、带有幻想风格的地标性建筑。在采风的过程中，你可能不会在意这个被海水侵蚀的立柱。但是你可以轻易地将其转化成一个很久以前被水淹没的城堡或城市中巨大的哨塔。

照片中被腐蚀过的立柱，大约有25厘米高。

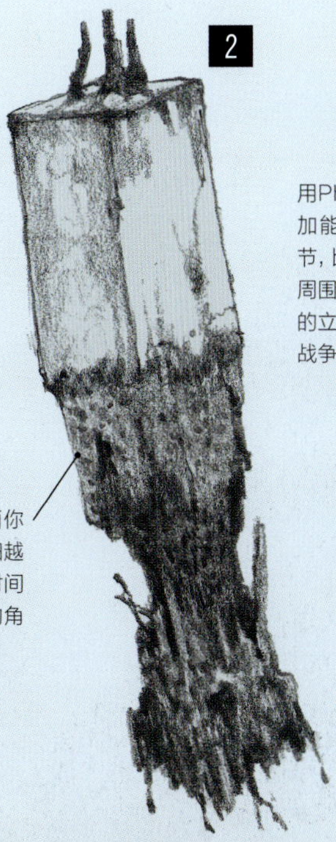

用素描本中的一整页来细画你所选择的图片细节，画得越细越好。在这项工作中你投入的时间越多，你就会更多地从不同的角度来思考。

用Photoshop软件上色，添加能够暗示比例的巧妙细节，比如小的窗户和伸展在周围的树枝。原本25厘米高的立柱突然就变成了一座被战争破坏的腐朽建筑。

故事板的艺术

作为一名游戏设计师，你的工作将从视觉构成开始，并把你的想象通过图画、草图以及故事板的方式，融入到故事之中。

任何游戏项目都建立在故事的早期草稿上。所有的游戏都以互动为前提，有些游戏故事的发展通过角色推动，同时与之相符的故事又能帮助定义游戏中角色的性格；另外一些游戏故事的发展会以情节或者环境来推动。制作原画和故事板意味着会使之后角色和环境细节概念的创作过程变得简单很多。

故事从何而来

一个富有创造力的导演会与影视编剧合作（更像是在导演的指导下），共同创作剧本。之后由故事板设计师将剧本转化为图像剧本，并将其按照镜头剪辑、对白以及供电影演员参考的情节起伏切分成系列画面。

草图

草图是一种涂鸦，或者也可以理解为“用你的手来思考”。小的作品被画成一套连续的、可以在屏幕上观看的图画故事“框架”。在这种比例下，你可以快速地识别作品的好与坏。这时你需要注意的是，那些环境中对引人入胜的角色或事物切实存在的感受，而并非细枝末节。在这一阶段要像做电影预告一样画出整个故事，同时标记出发生在游戏中角色身上最令人激动的时刻，或确立表现幻想环境的镜头。

故事板

如果作品中不需要互动，比如就像一段动画过场或者电影片头那样，这时就需要一个相对传统的故事板，以及构成镜头序列的关键帧。你的视角就是摄像机的视角，因此你所画的关键帧就是被描绘到屏幕上的图像。把这些素描稿想象成一种讲故事的语言，它有开端、发展和结局。这种视觉化的语言在创作流程中显得尤为重要，因为尽管这一阶段仍属于前期创作，你的故事或许也并不精致，但是它允许你更改想法，甚至可以让编剧、设计师和艺术总监的工作退回到确立脚本主干的时候。所以尽可能多地进行不同的尝试，并开动你的想象力。在这几页内容中，作者对两个剧本范例分别进行了故事板创作。

海洋（Oceanic）

你是Mustekala号的船长，而这艘船上的部分技术被宇宙中最厉害的生物强化过。这种八条腿的生物是非常奇怪的种族，被称作Iko-Turso。尽管你有相当大的自由度，但你和七位船员都从属于低等的Nuhi种族。Mustekala号是一艘商船，它能带你领略很多不同的景色——如星球般大小漂在水里的石头、巨大的珊瑚丛、工业化钻井塔、海星，还有智能水草编制的迷宫。你的职责是买卖墨水、燃气、异域食品、Nuhi族奴隶、文物以及珍珠。

多数时候，你都是Mustekala号船长的视角。不过有时候，尤其是战斗和探险的时候，你需要转换到船员甚至船只的视角。游戏中你会面对很多的威胁——人鱼强盗、可以吞下整艘船的北海巨妖、Nuhi族反叛军，甚至Iko-Turso他们自己。还有让你印象深刻的是，你那多条腿的主人还在暗中谋划着一个危险的计划。

在游戏中的某个部分，当运送一个远古神像到Iko-Turso族的时候，一个奴隶告诉你，如果把它贩卖给同族——遗迹制造者的话，其售价将会高得多。然而如果你决定这么做，那么你必将脱离自己的家园——Iko-Turso。你的家园看起来是那么自然和谐，但是却经常充满海难。各式各样的珊瑚看起来像章鱼腿一样，试图破坏船只的结构。你会被从未见过的又大又笨、咸咸的、流着口水的，还有很多条腿的怪物追击。似乎Iko-Turso族真的很想要那个神像。

◀ 让剧本鲜活起来

作为概念设计师，你的工作之一便是将编剧的意图视觉化。这个复杂的新游戏创意综合了载具的控制、领导能力、价值观设定，以及经典的怪兽打斗场面。故事发生在一个巨大的几乎全部由水组成的星球，虽然人们普遍将其传说成“外域”，但这个地方与我们的星球类似。不论故事是否真实，将其视觉化是当你开始探索故事时的有效途径之一。两个非常不同的例子会在接下来的几页中展示出来。

海洋的故事板

如果有一个写得非常清晰的剧本供你创作（就像这一个），那么你的想象力将很容易被点燃。视角（POV, Point of View）在游戏中是非常重要的，游戏通过这些画面展示了船长、水手甚至是船只的游戏视角。这样玩家就能够看到情节中的所有元素。

描述： Mustekala号扬帆起航。
视角： 船长

描述： 船员保持船只前行。
视角： 船长

船长的视角是重点，他见证了这艘船最重要的活动。

描述： 正在接近一块巨大的漂浮着的石块。
视角： 船长

描述： 笨重的工业化钻井塔——Mustekala号贸易之路的其中一站。
视角： 船员

描述： 停船添加燃气。
视角： 船员

描述： 潜水采集珍珠。
视角： 船员

Mustekala号本身就有一个在水下有着巨大优势的视角。

描述： 在珊瑚丛中穿梭。海洋是各种海洋生物和谐共存的安全港。
视角： Mustekala号

描述： 与其他族群的商业谈判。
视角： 船员

因为玩家将会被带入到这个动作中，因此用一名船员的视角表现是非常重要的。

描述： 贸易成功后离开。
视角： 船员

夜行神龙（Gargoyles）故事板

正如下一页的游戏剧本所示，游戏可以被角色所引导。因此，角色的概念可能要在体验整个故事前就预先设定好。尽管你可能不会发现，但设计师在制作故事板之前，就已经预先设计好了大量的面部表情与身体动作（比如轻快的、卑鄙的、贪婪）。故事的调研与开发是任何幻想类艺术创作的重要阶段。

用戏剧化的视角来增加画面的景深与趣味性。

在14世纪英格兰一个寒冷的黎明，一座修道院安静平和地矗立在那儿。

几尊形貌丑陋的神龙雕像泰然矗立在高塔顶端，等待着、观察着……

老旧的瓦片崩塌，神龙雕像突然活了起来，并从房顶飞上了天。

动作最激烈的时刻展现了故事最突出的视觉元素。

日出之前，蒂博尔特（Tybalt）大哥便在远处的田地里开始了一天的耕作。

神龙袭击了村庄，不停地向修道院投掷瓦砾并且污染了圣地。全村无人生还。

蒂博尔特大哥回家后发现了被损毁的修道院和同胞们的尸体。

在去往伦敦的路上，发生了一场众多神龙和类人生物之间的对抗。

一位会发光的仙女拥有一种可以通过触摸神龙额头而将其变回雕像的法宝。

经过与敌人的成功对抗，蒂博尔特大哥想知道他的新盟友是否可以信赖。

故事板的黄金法则

- **了解故事内容**

编剧已经花费了很多时间在故事情节、角色和角色所处的环境上。你只需通读故事，确保完全理解即可。

- **做好准备工作**

将故事内容视觉化，你首先需要创作出人物角色、生物形态和环境。这就需要对特殊时代（14世纪）和地域（大海）的调查与研究。

- **牢记玩家的视角**

试着自始至终以玩家的视角表现，这样你就可以感受到玩家想要的或者感兴趣的是什么。

- **展现主要动作**

在正在制作故事板的剧本中，用荧光笔区分出视觉描绘的部分与对话部分。之后再在其中找出每个部分的主要视觉元素，然后开始构建框架。这样一来你就有了严谨的工作程序。

夜行神龙

在14世纪英格兰寒冷的密林深处，一座修道院遭到了袭击。装饰在屋顶的神龙雕像毫无征兆地活了过来。它们在上空盘旋，杀死了所有人，污染了圣地，并肆无忌惮地向下投掷瓦砾。

你将扮演蒂博尔特大哥的角色，他是一位没有文化并整日在田间劳作的修道士。当你回到修道院的时候，当你面对一片废墟的时候，你意识到或许自己是唯一的幸存者了。除了一两只在你盛怒之下被杀死的神龙以外，其他神龙已经统统消失不见。你立即收拾行装赶到了临近的一个小工业化村庄。但这个村庄也已经是一片狼藉。你决定踏上征程，杀尽那些令人作呕的神龙。

这条路会一直将你带到伦敦（那儿是一个可以帮你解答某些问题的地方）。当你在正午时分缓步行走在乡间小道上时，飞行着的神龙如阴云般在道路上空盘旋。灰色的神龙（依然保持着雕像的特征）时常尖叫，个别的还在不停地抽搐着、怒吼着，但是也有一些行为非常冷静。从它们握着的镰刀、斧头和干草叉可以看出，这个罪恶团体显然已经洗劫了一个农场。突然其中一只巨大的神龙手持镰刀猛地俯冲下来。由于这是游戏的开端，所以你可能只有一根棍棒作为武器。你必须干掉这些神龙并保证不被它们发霉的牙齿咬到。

有一些神龙坐在灌木篱墙上观看，另外一些则愤怒地怪叫着想要撕抓你。你猛击一个神龙的头部，同时夺过它的镰刀作为武器。虽然你并不需要杀死它们，但你必须给予还击。即便如此，这种攻击方式也足以使它们在远处释放法术。

帮助你跳出灌木篱墙的是一位仙女！一位发着绿色光芒并带有翅膀的仙女出现了，她能够在神龙的上方飞翔，并通过触摸神龙前额上类似沙子的部位使其变回没有生命的石头。借助这个巨大的帮助你便可以战胜这些神龙（这是一个巨大的、可以振翅高飞的类人型角色）。你被一群一动不动的怪兽所包围，它们龇着牙，浑身各处好像都可以作为武器。但这个仙子是否可以信赖是一个重要的问题——这个轻盈、柔美并充满自信的生物决定加入你的征程。

涂鸦与素描手绘

在游戏设计与概念艺术中有两个重要的视觉要素：角色与场景。在针对这两个要素的游戏开发过程中往往都需要绘图。

手绘是对创意的直接表现。随时在速写本或者随手可用的纸上涂鸦是一个很好的方法。创作缩略图或者在讨论完毕后根据故事所绘制的草图，都是收集图像的好方法。

从何处入手?

当你对一个地点或者物体有了想法，就可以开始构建这些世界和居住在其中的人物角色了。用原始的图形体块自然地绘制角色是一个非常好的开始。一袋土豆就能很形象地说明体块的概念——粗糙质地的外表加上块状的体型。人工制造的物体提供了多种组合的可能性。你的想象力可以重组这些体块，从而构建出建筑、飞船或者机械怪兽。同时，你也可以在绘图时看一部电影，将影片中你感兴趣的情节加入到自己的创作中。

艺术中的“瑜伽冥想”

当你信手涂鸦或者绘制一些草图之后，眼睛其实就记录下了所有的东西。这时候你可能还无法注意到每一张你所看到的面孔或者物体，但他们的具体形象已经贮存在你的大脑“闪存”中了。涂鸦是进入这种记忆的窗口，同时也是探索这一记忆宝库的记录。要像使用一根魔杖或者指挥棒一样运用你手中的铅笔，让它在纸上畅游，通过改变力度画出富有深浅变化的线条。如此一来记忆的窗口将被打开，你笔下的形象也会被逐渐塑造成形。

人物姿态手绘

人物姿态手绘是一种快速让你放松下来，并达到手眼合一的练习。本质上来说，人物姿态手绘更是贯穿手指、画笔和大脑的一种生理反馈。这种对同样事物进行充分绘画的练习将使你在大脑中建立起图形形象资料库。

当第一次见到一个人物角色的时候，或者在一定的光线下见到一个物体的时候，你要注意其曲线或体块、光影效果及运动中的变化。然后快速地画出对象，并自然地表现出带有透视的体块和重量感。注意要通过铅笔的绘制在纸面上表现出被画物体的重心。你可以用粗一点的线条来表现运动幅度较大的物体重心；用大的圆圈表现大腿与臀部。你应该在绘制之初，迅速地在纸上表示出被画物体的各个部分。深色的阴影可以表现体块，浅色随意的线条可以表现细节，如头发。

轮廓绘制

技法上的变化可以用在外形塑造上。不用在意画纸，你应该把注意力集中到被画物体的轮廓上，然后慢慢地沿着物体的边缘进行观察，同时将其慢慢地记录在画纸上。

混合搭配素描手绘画面

就像儿童塑料模型船、汽车、战舰那样，Photoshop软件中的很多工具都能打破画面，并将这些完全不同的元素进行重组，创造出全新的画面。Photoshop软件中的很多工具也能够将一个简单的建筑速写变为一整座城市，或者把一些海洋生物的形象变为你笔下怪兽的身躯。详细内容请查看第24页关于这种技术的实例。

混合搭配画面元素

你可以通过混合搭配粗糙的草图，轻松地创作出一个更加完善的设计。在这幅场景设计中，石头高塔的结构便被引入到了瞭望塔的设计中。尽管这张草图来自一张早期的素描，而且它还曾被用在一个表述大军等待穿越河流、进攻高塔的镜头中。但你的涂鸦绝不会被浪费，而且它们还可能成为草图绘制中的一步。

这幅表现集市拥挤场景的草图，成功地带给人一种幽闭的恐惧感。对于表现困境中军队的最终概念，这幅图是绝好的素材。

对石头高塔的研究，成功地衍生出了对瞭望塔的最终设计。

创作综合图像

涂鸦和素描手绘所带给我们的最大好处便是可以重组图像元素，使它们变成全新的角色或者场景。软件中的工具可以完美地将弗兰肯斯坦（Frankenstein）的形象变成当下数字艺术的形式。就像女巫炼药那样，把水母扭曲的触须、章鱼凶猛的眼睛和牛头怪的大鼻子结合在一起，创造出一个新的怪物。在Photoshop软件中，各部分都有独立的图层，这可以让你完全控制其形变、比例和角度，然后把它们混合在一起创造出新的生物。

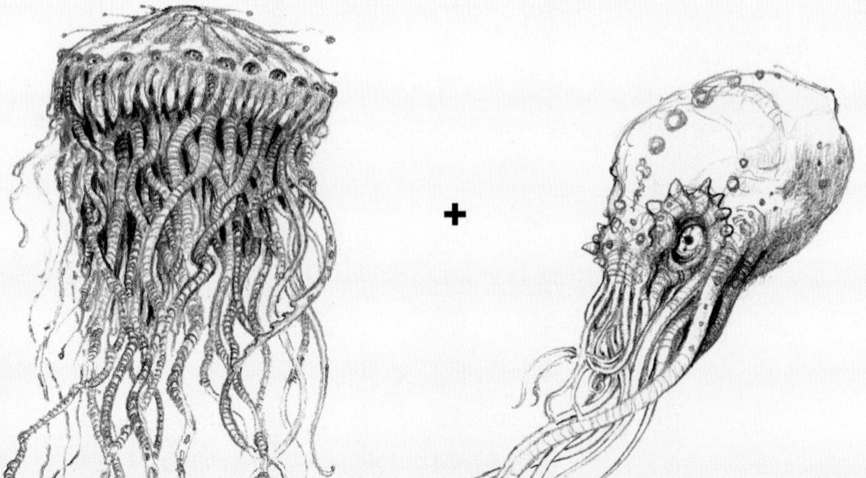

第一步

从身体的不同部位考虑。翻阅你的速写本，然后选择一个适合做幻想类角色头部的素描造型。这样一来，水母的造型便被挑选出来了。

第二步

现在开始寻找合适的面部特征。它们可能和你所选择的头部互为补充。这里，下面飘荡着触须的章鱼头与眼睛被剪切下来并做镜像处理，然后再组合到水母头部上。

创意表达

向客户展示概念草图，是一个能够在精致的缩略图中尽可能多地展示不同角色类型的好方法。这位特定的客户从两种变化形式中，选择出了最终角色的造型。接下来你可能会被要求绘制更多的角色。

士兵 ▶

巨大的钳子、苗条的身躯、短小的尾部让士兵这个角色成为一个打手的样子。他会不停地进行攻击。

皇后 ▶

皇后这个角色会在视觉设计和功能性双方面给人留下深刻印象。粗大的触角为她在群体中提供了强大的沟通能力。她巨大的后背有一半都是生殖器官。这样的造型设计令皇后这个角色没有士兵般敏捷的移动能力，但是她在游戏角色和更大的剧情策划中起到了重要的作用。

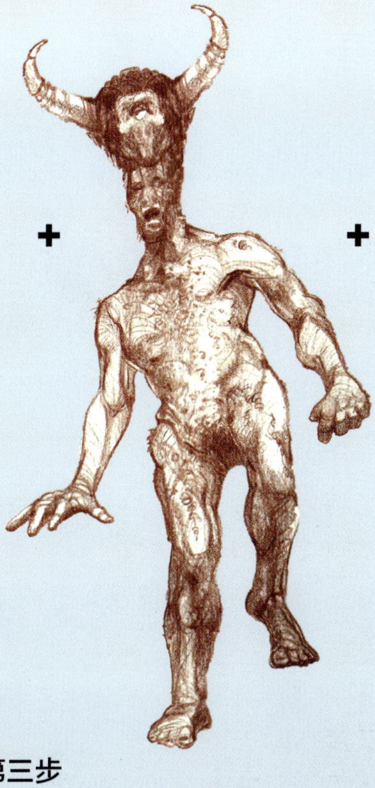

+

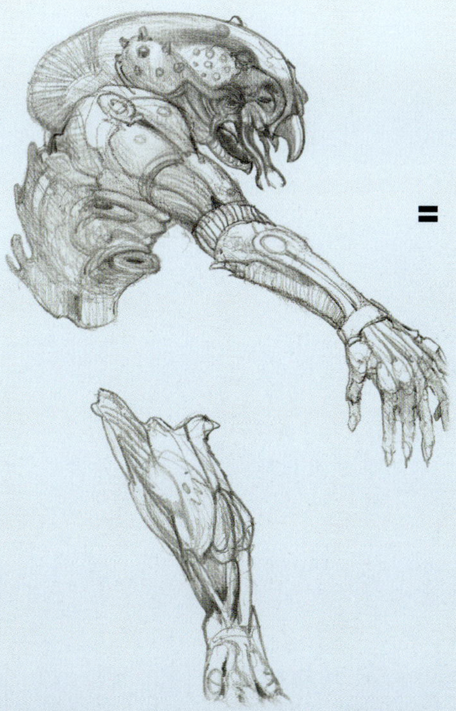

=

第三步

这张素描图像几乎全部都用在了最终的画面中（除了左腿和头部）。

第四步

将第三步中怪物的左脚和小腿在Photoshop软件中擦除，然后将肉食性动物的腿接上去。

第五步

这样它就活了起来！完成后的怪物已经准备好要去投篮了。

角色概念化

几乎所有的幻想类插画都包括了人类的特性。要绘制变形的或者符合视觉习惯的人型角色，你首先必须熟知正常的人类角色。

尽可能地通过写生课学习裸体人类角色的绘制。特别要注意身体比例，并且注意重点观察关节部位。学习骨骼、肌肉组织并观察身体的体块关系——不同的体块在不同动作中展现重量感的方式。要始终考虑身体各部位是如何工作的，还有这些细小的部位是如何组织到一起的。你能够找到很多关于人体解剖方面的书，不妨去当地的书店看看。

一旦彻底了解人体是如何工作的，你就可以开始尝试进行变形角色的绘制了。扩大、调整、强调出那些关键部位，如四肢、肌肉以及脸部结构，然后你就可以创造出非常新奇的角色概念，使角色跃然纸上，令欣赏者信服。

角色绘制的黄金法则

- 角色站立或端坐的方式由角色的需求或行为决定；
- 幻想艺术设计中动态的平衡由角色重心决定，就像是在真实世界中一样；
- 在绘制角色的时候，要注意考虑摄像机的角度；
- 在表现四肢造型时，比如胳膊和腿部，按透视法缩短是非常重要的；
- 简单的色调和阴影效果可以轻松地让角色活灵活现。

◀女孩的力量

很多幻想类艺术家都会用延长腿部线条，收缩腰部、手腕和脚踝线条，以及夸大胸部的方式让女性角色变得更有感染力。这些并不是进行角色设计的先决条件，你也不必拘泥于这种惯例。像这位健美的亚马逊女战士，通过发达的肌肉同样也表现出了性感。她的姿态强调出最终的胜利。沾满血迹的武器暗示了在战斗中她是一个需要认真对待且有影响力的人物。

亚马逊女战士

男性与女性角色的纵向比例关系是相同的。但是女性的骨盆较大，因此致使女性角色有着更丰满的臀部和更纤细的腰身。按照正面、背面、侧面、顶面的顺序绘制角色，你会看到典型的男、女形体在外形上更多的细微差别。

男性武士

男性角色肩膀非常宽大，腿部、胳膊和躯干的肌肉也更加发达。你可以在站立的角色中轻易地展现出他的力量，但更好的建议是给你的角色摆一个姿式，比如这位暗中伺机待发的武士。然后思考肌肉是如何表现重心和压迫感的。

幻想类怪兽

当读者解读幻想类怪兽角色的时候，画面中需要有多少我们所熟知的人类特征？通常来说需要的很少，但是一定要保留一些人型的外观，否则你创造出来的生物会不完善。这个怪兽角色拥有肌肉发达的躯干，类似人类的头部外形和站立的姿态。

获取灵感

角色概念化的灵感经常可以通过观看那些举不胜举的动作电影来获得。在电影中，从角色的着装到武器都蕴含着大量的素材。没有什么方式比暂停电影，然后从不同视角观察著名的幻想类角色更容易获取素材了。灯光、阴影、角色所处的场景、运动中的肌肉，这些都是值得去学习的。只有自己的想象力才是你最大的瓶颈。

正面	背面	侧面	顶面

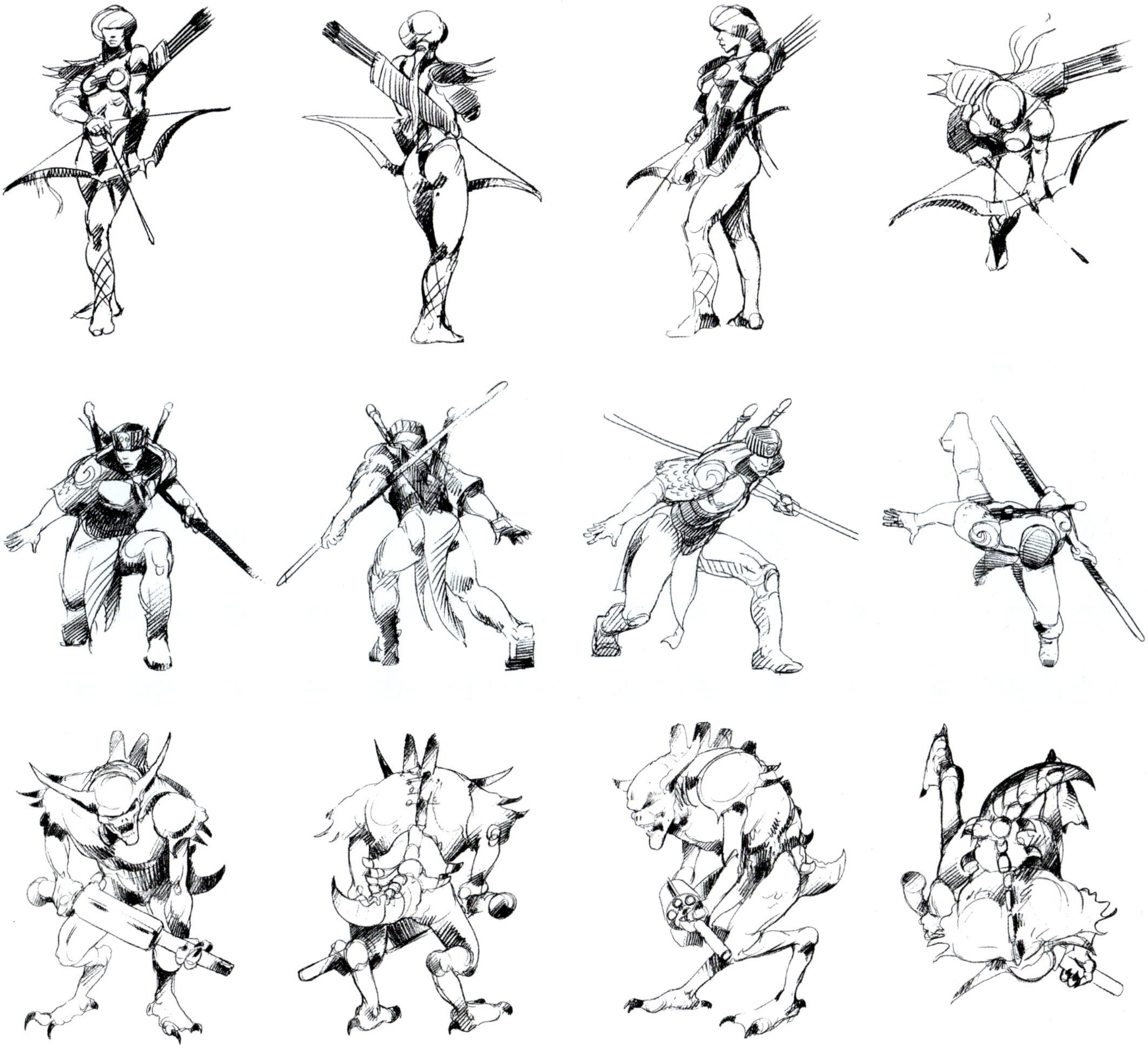

角色动作设计

所有的角色素描都基于解剖学的草稿，这种草稿会随角色的位置或情绪改变。你必须先了解人体是如何工作的，才能够赋予角色生命。

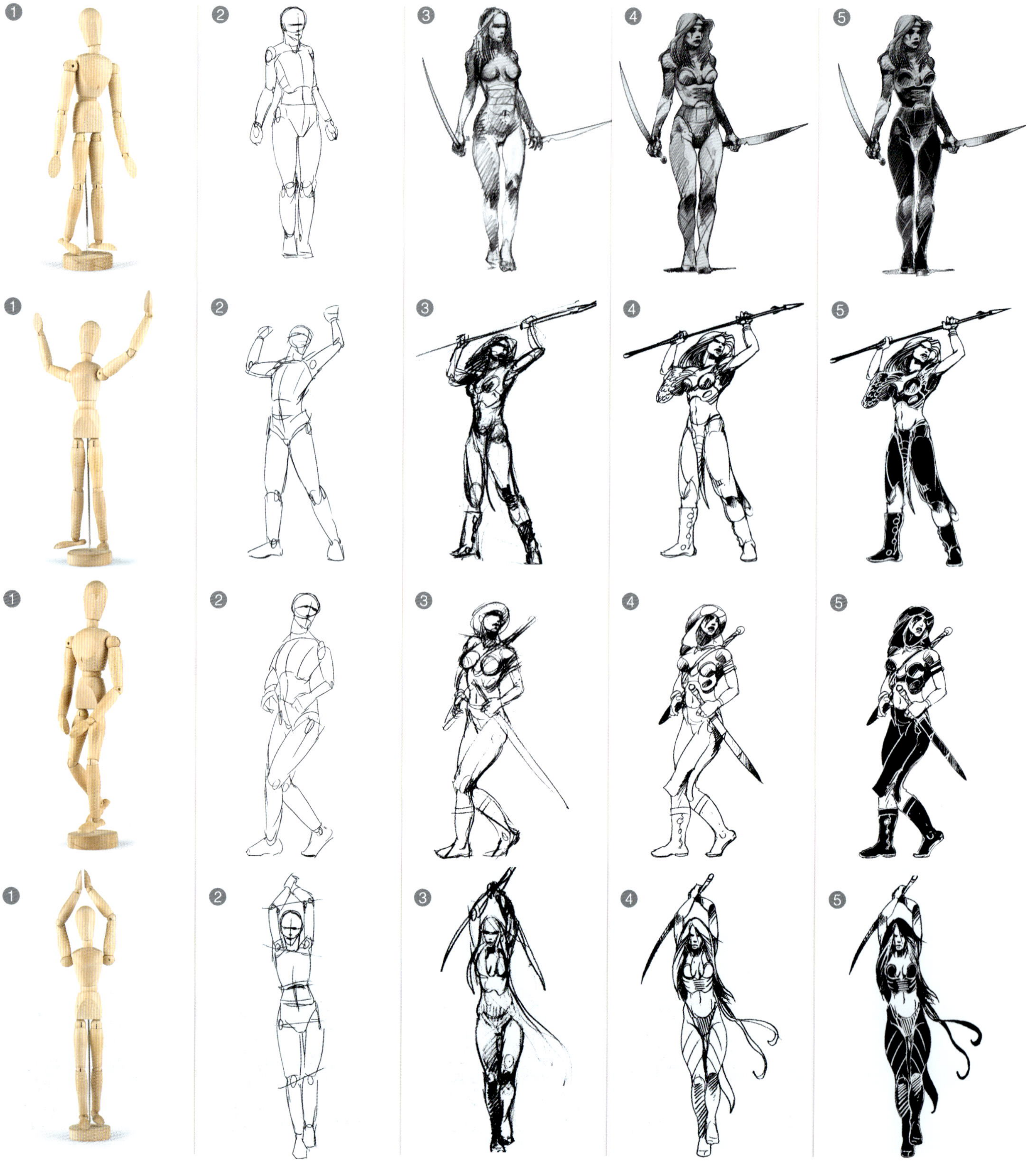

只有为角色合理地设计了动作和体块关系，你的角色才能看起来真实可信。基于解剖学的草稿（在一个动态下，简化版的身体造型图）是你成功的关键。简要步骤如下：

1. 将人体模型摆出一个姿势；
2. 一个人体造型由圆形、方形和三角形组成。把你所看到的形状画出来，如颅骨、胸廓、骨盆、大腿、小腿、胳膊等；
3. 基于最初的草稿，绘制出线描草图；
4. 改进你的线描草图，并把它细化成一幅包含更多细节、带有明暗关系的素描草图。开始思考各部分肌肉及其结构，还有光线对它们的影响。如此一来你就可以把平面化的线稿充实起来，使人物变得有血有肉；
5. 先用钢笔描线，然后将草图扫描进Photoshop软件、Illustrator软件或者其他你所选择的电脑软件中，最后再进行细节处理。

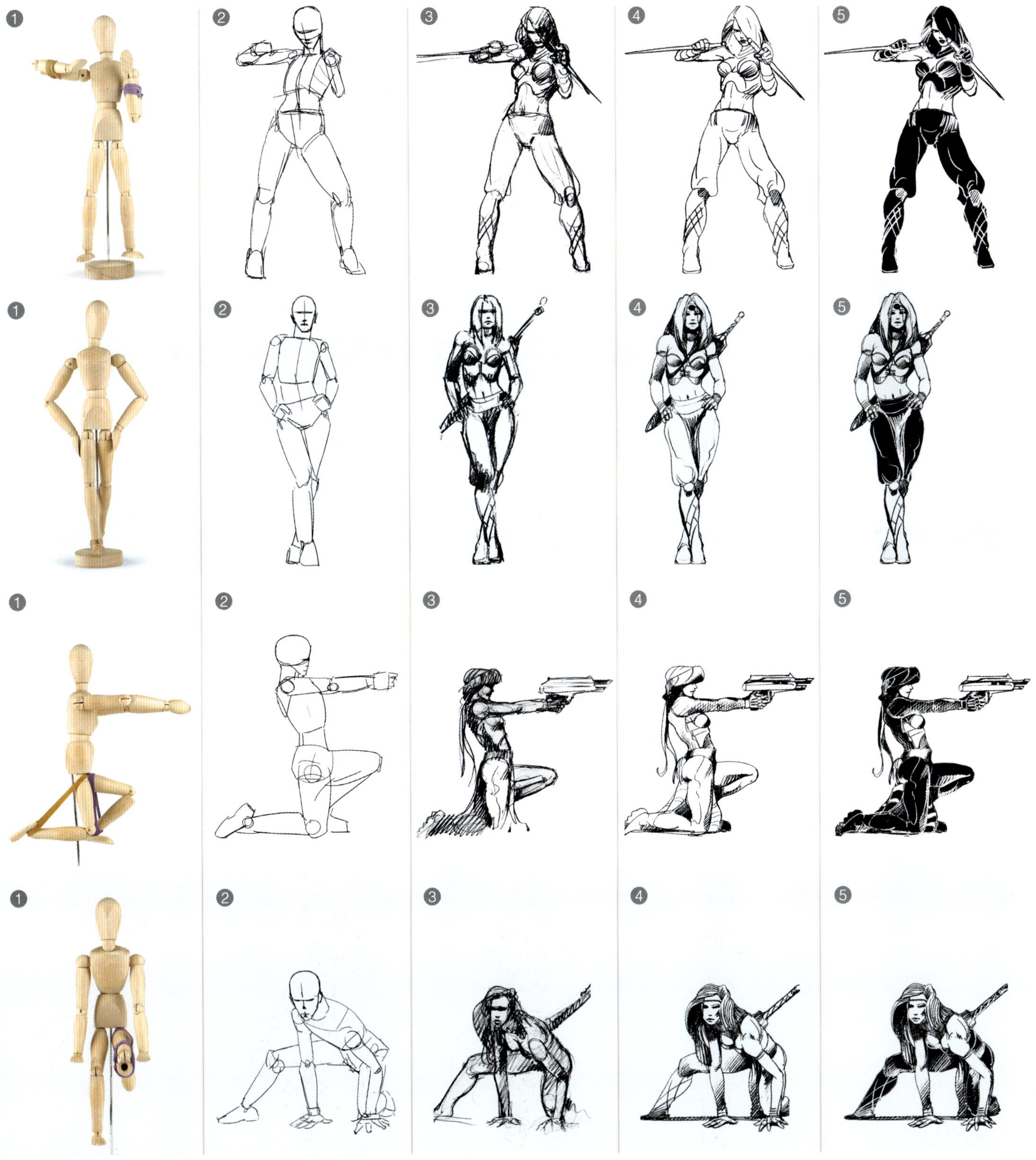

角色服装设计

一个华丽的僵尸会穿成什么样子？这取决于那些和你一样设计角色外貌，以及让角色开发变得激动人心的设计师。

你所设计的角色需要一系列适合他们风格和游戏中所处级别的装备，尽管怪物们并不总是需要额外的服饰。绝大多数的人型角色需要能够强调出他们体格的性感服装，以及能够增强角色视觉特效或补充身体力量感的服饰。

性别因素

衣着、武器、发型、身体上的孔洞（如耳环洞）、文身以及各种刺角，能够增强角色意图、个性和性别特征。一个传统的男性角色会有健壮的体格、带有疤痕的面孔、神秘的文身和肌肉发达的臂膀。一个相同的女性角色则可能有着稍微轻便的装备，更多裸露的部位——以便突出以弱胜强的形象，并且没有遮挡面部与发型的头部装备。虽然这是惯例，但是在幻想艺术中，一切都是可变的。看看这些太空少女的形象，你会从中获得灵感。

沙漠居住者

暴露在末日的沙漠上，不对称的服装设计表现出这位角色的狂野。

反叛枪手

这位持枪的坚强女孩的服装增强了功能性，也削弱了装饰性。背包、厚重的靴子以及护膝标志着这并不是一项未来的设计。

公主

这件华丽的礼服造就了强有力的轮廓造型。作为王室成员，她必须引人注目，尤其在游戏中作为可见度特别重要的角色。

科技战士

这个角色具有50%的科幻成分、50%的幻想成分。二者结合的风格为你的设计提供了多样化的元素。同时这种风格也让那些喜欢独特风格的玩家神魂颠倒。

哥特——朋克风的科技战士

这种设计广泛地融合了地下题材，从哥特风格到朋克风格再到科幻风格。白色的头发、裹腿和其他设计元素形成了鲜明的对比。

少女战士

观众可能会认为这是一位缺乏经验的年轻战士。别傻了！而且也不要过分在意观众的想法。惊讶会造就意想不到的包袱。

服装的变化

当为一个大型的多人在线游戏创作概念的时候，服装的变化是不得不考虑的。在这个游戏中，玩家可以选择盔甲、武器、头盔，甚至是角色的面部特征。作为概念设计师，你有责任设计并画出每一种变化。

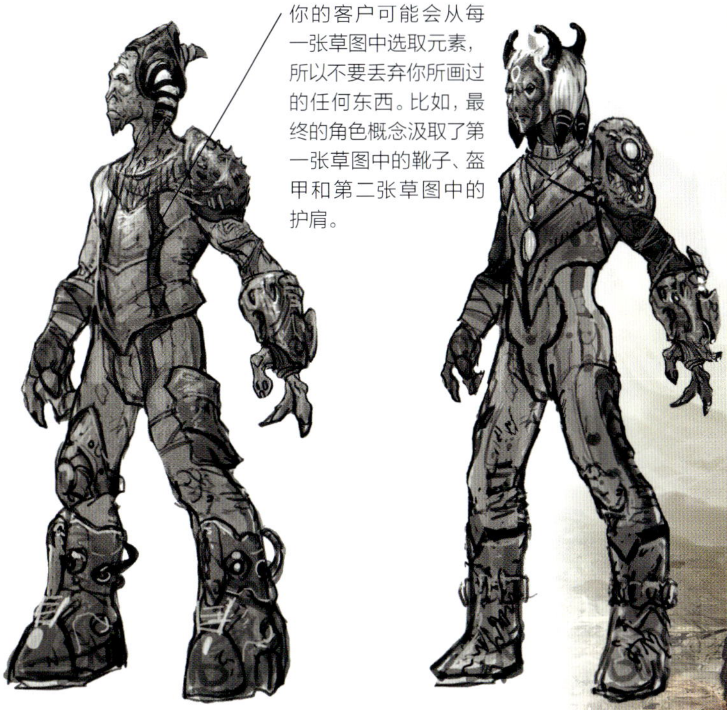

你的客户可能会从每一张草图中选取元素，所以不要丢弃你所画过的任何东西。比如，最终的角色概念汲取了第一张草图中的靴子、盔甲和第二张草图中的护肩。

传统的武器和道具

幻想游戏中的武士需要一个装满了骇人武器的兵器库。如此一来当角色获得技能或者赢得分数后，便可以得到更强更好的武器。因此，武器创作上的变化便尤为重要。其他必要的装备也是如此，比如盾牌、背包、刀鞘、腰带、枪套、护目镜、头盔等。首先应从铅笔素描手绘开始。

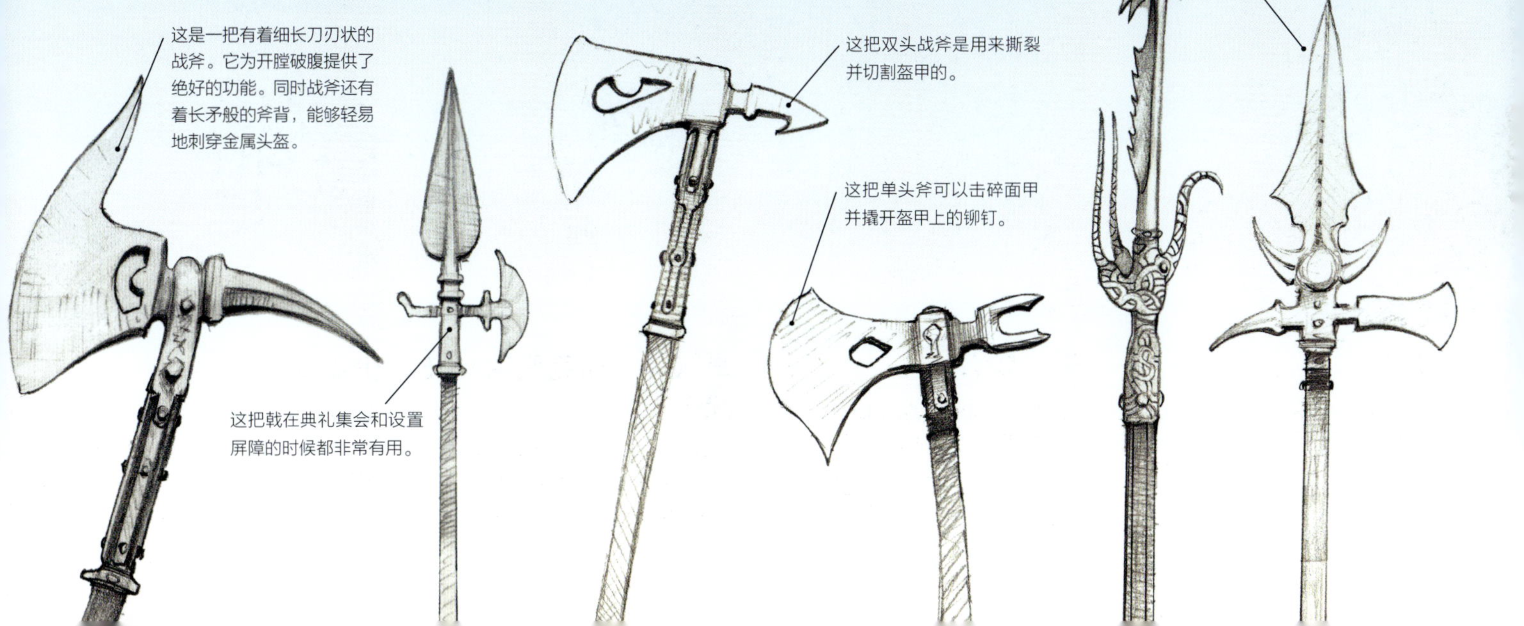

这是一把有着细长刀刃状的战斧。它为开膛破腹提供了绝好的功能。同时战斧还有着长矛般的斧背，能够轻易地刺穿金属头盔。

这把戟在典礼集会和设置屏障的时候都非常有用。

这把双头战斧是用来撕裂并切割盔甲的。

这把单头斧可以击碎面甲并撬开盔甲上的铆钉。

这两把戟既可以在仪式上，也可以用作骇人的致命武器，掏出并切碎敌人的内脏。

头部与面部的绘制

面部结构决定了大多数幻想类生物的类型，也是塑造人型角色外貌的绝佳起始部位。

在一张有着小鼻子小嘴儿的脸上出现一双大眼睛，会传递出一种率真和脆弱的感觉。但是一双小眼睛配上同比例的鼻子和嘴唇则会表现出人物奸猾与淘气的性格。角色面部各部位（鼻子、嘴唇、眼睛、耳朵）的比例、外形和大小会带给玩家提供关于角色性格的线索，面露愠色或者若有若无的微笑会让角色更有深度，也更加完善。在幻想艺术里，你可以分角度夸张表现面部结构（利用数字模型没有什么不可能）。数字模型首先能够帮助你确定标准人类头部的外形和比例。《星际迷航》（Star Trek）中许多著名的外星人，比如克林贡人（Klingons）或者罗慕伦人（Romulans）的概念设计就源于人类的面部结构。

下边和右边的图片会帮助你确定面部各部位的位置，以及各部位之间的关系。仔细地观察这些图片，然后练习绘制转动的头部和面部。由于是不同的角度，因此面部各部位的位置会有所变化。

夸张是一个在创作幻想类角色和生物时不得不用到的手法。当你已经精通头部的基本结构时，你就可以开始从面部各部位的大小和形状上进行试验了，同时也别忘了考虑一下角色的身体。你对角色面部的创作能够丰富角色的特征吗？还是会违背它们的特征？比方说：一个婴儿的脑袋长在巨大怪异的身体上，可能说明这是一种危险的生物；一颗巨大的脑袋长在一副极小的身体上，可能表现出疯狂的才智，超越现实。

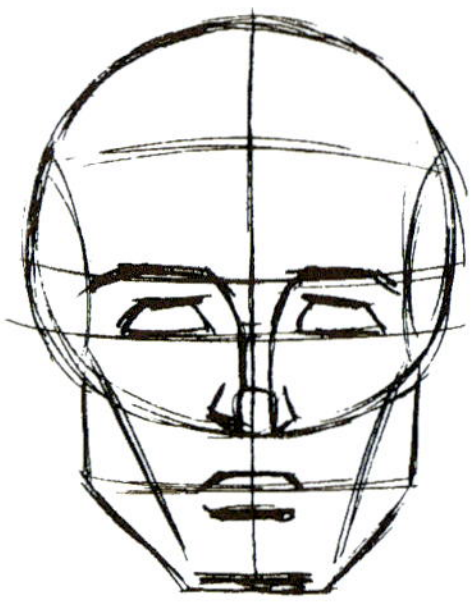
正面：表现出棱角分明的面部结构。

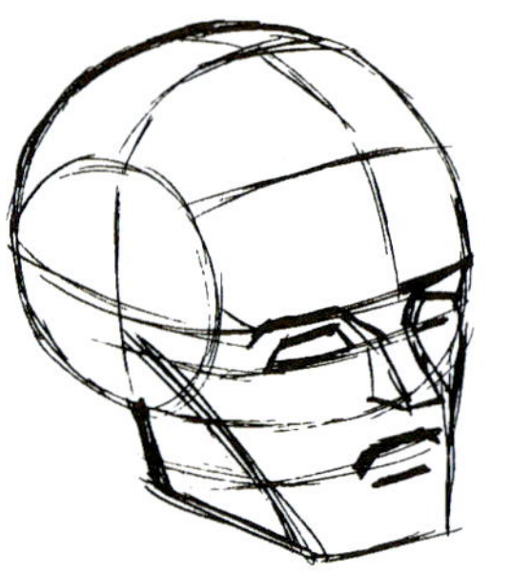
四分之三面：下巴和颧骨的结构线交汇在一起。

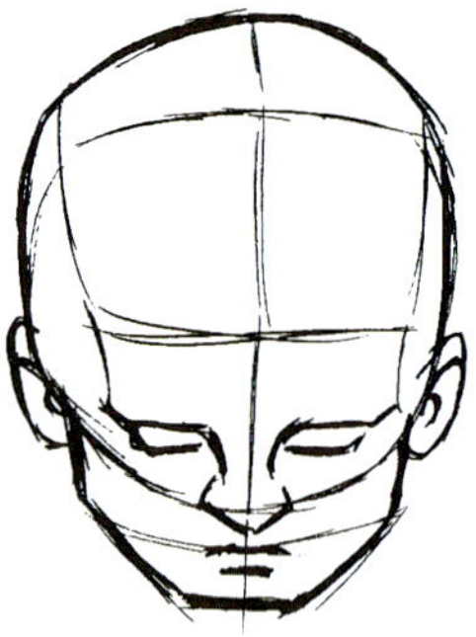
正面并俯视：前额线位于正中。

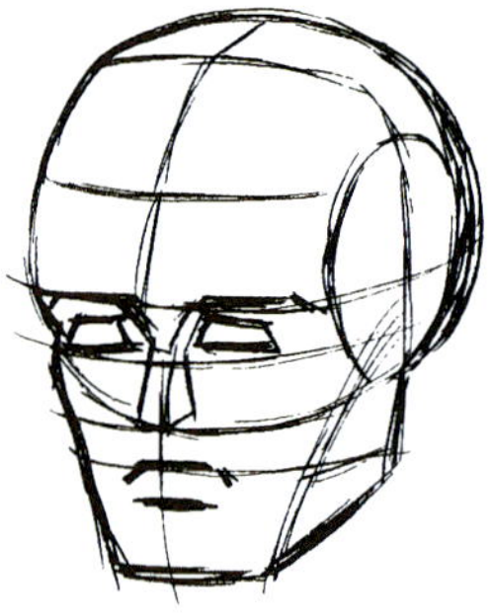
标记出表示耳朵位置的椭圆，以及下巴正确的角度。

向右后方倾斜的头部，展示出下巴的底面。

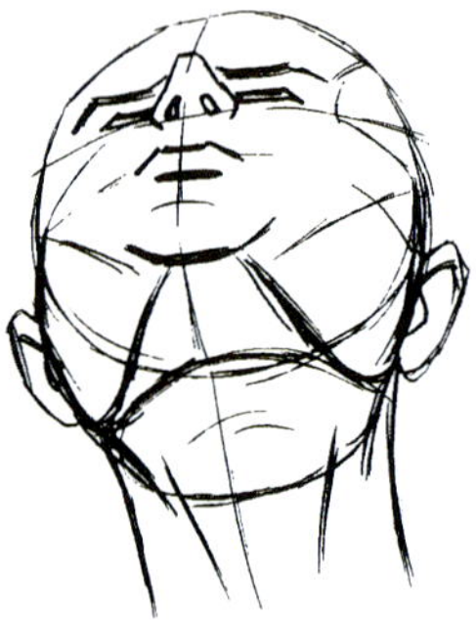
向后倾斜的头部，展现出脖子和下巴，以及经过前缩短透视后的面部。

▲ 各种角度的头部

画出网格可以帮助你从不同角度观察头部的特征。利用中轴线和水平分界线，你可以设计出当头部转动时各部位的位置。

角色年龄化

儿童的额头很高，鼻子也很小且并不成形。青少年有着结实的面庞，并且由于青少年时期的婴儿肥，所以面部通常比较圆润。上年纪后，骨骼和肌肉会更加明显；皮肤会在重力的作用下下垂，下垂的皮肤会集中在眼窝和嘴角处。男人的下巴和眉弓会比女性要更明显。

女性

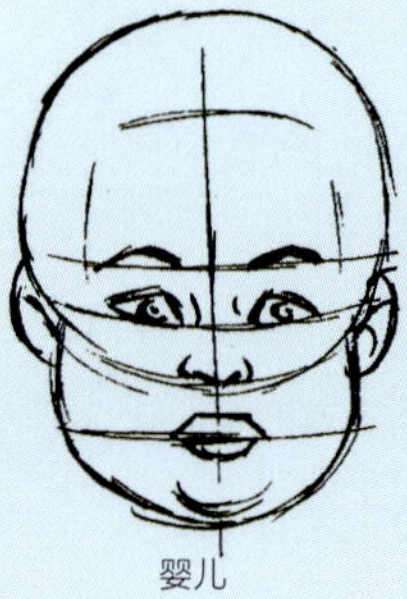
婴儿

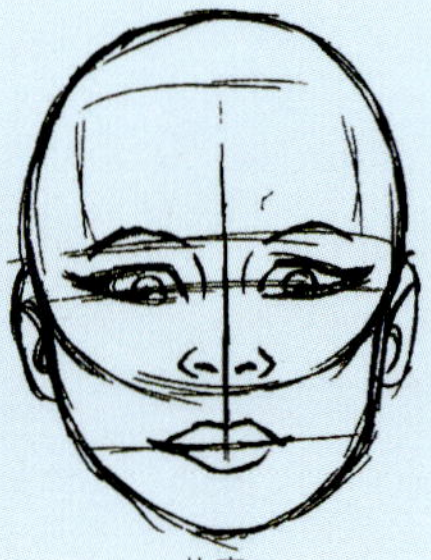
儿童

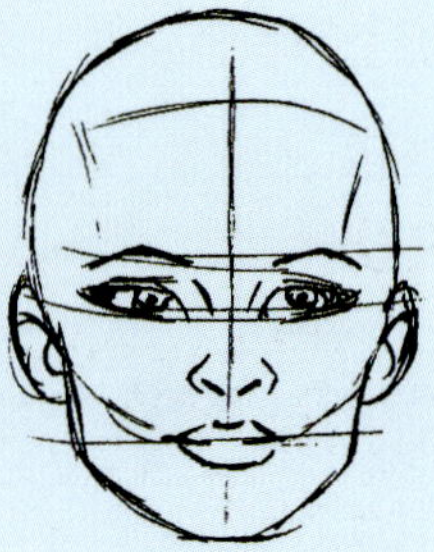
成年

男性

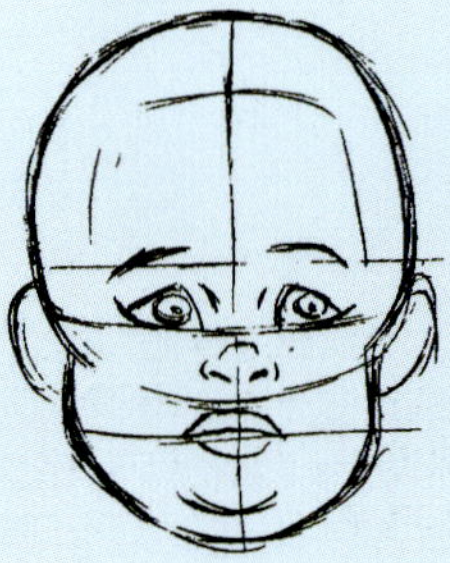
婴儿

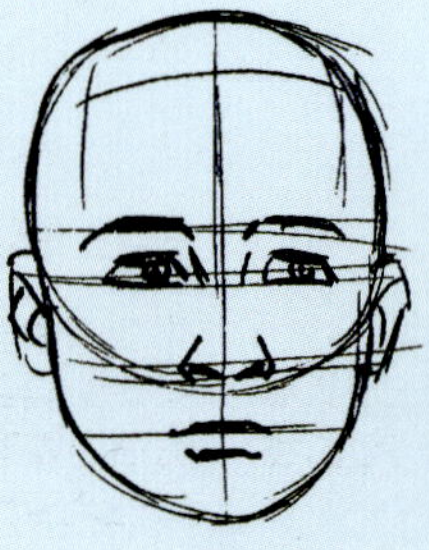
儿童

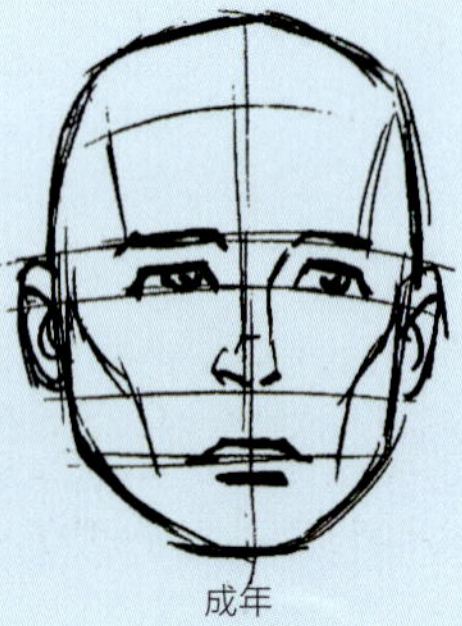
成年

角色塑造

角色的面部和头部是最先影响观者的部分，因此要寻找不同的方式使不同的角色形象化。面部结构和表情的表现，在角色塑造过程中是必不可少的一环。这里的每一个例子都展示出通过运用不同的元素来捕捉角色阴暗的外貌特征。

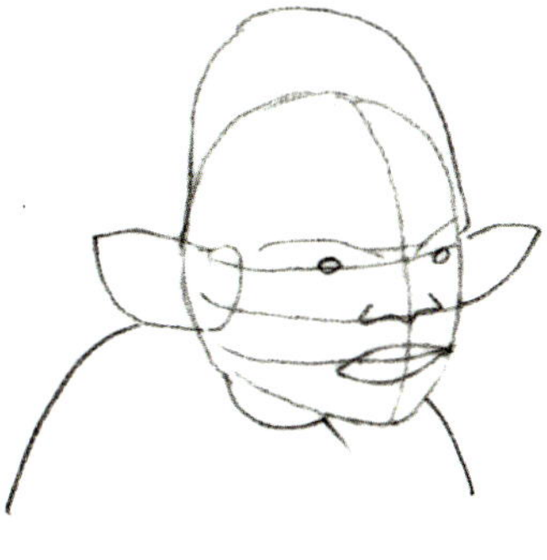

第一步

在两个方向上，将一个基本的球形划分成两半。把面部的下半部分大致分为三等分。用最简单的方式画出头部的各个部位。

第二步

为面部增加细节，并表示出颧骨和下巴的下垂线。用阴影塑造出外形和脸部的形状。

第三步

着色后便就完成了角色的绘制。泛红的颧骨和红鼻头展现出了不自然的红润和暴躁的性格。

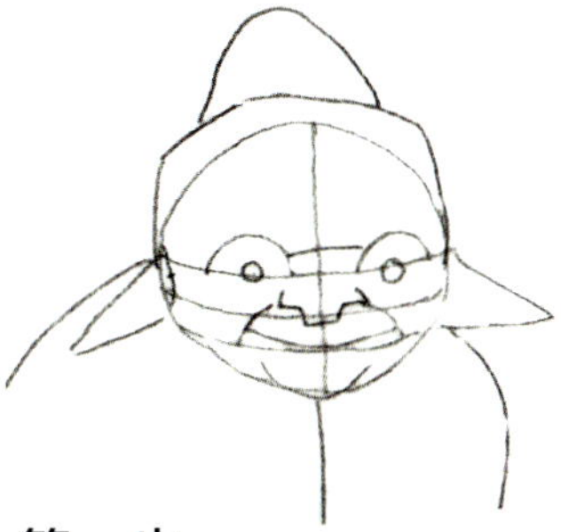

第一步

这个直观的画像是在圆形的基础上，画出了扁而宽的头部外形。并像之前一样划分头部外形及各部位的位置。

第二步

现在开始完善这个邪恶的角色。请把注意力放在扭曲变形的嘴部和令人恶心的牙齿上。深陷的眼睛远远分开，为角色增添了疯狂的气场。

第三步

夸大角色疯狂的外形，扭曲变形的嘴唇包裹着黄色的牙齿，并强调出眉宇之间愤怒的线条。

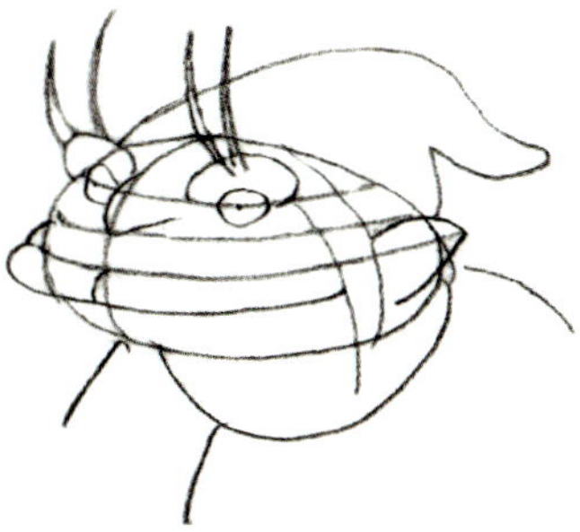

第一步

将老人与癞蛤蟆的面部特征相结合，创造出荒诞的角色。用椭圆画出头部外形，并标出眼睛、鼻子和嘴唇的线条，还有又短又粗的脖子。

第二步

现在集中表现癞蛤蟆的特征。细化那双深陷且远远分开的球形眼睛、丑陋的嘴唇和邪恶的尖牙，并为肉嘟嘟的脸部上好调子。

第三步

用皮肤上的一丝绿色强调出角色面部所展现出的谄媚本性。同时也体现出他的阴暗和反复无常。

夸张手法

游戏行业的概念设计师会经常使用夸张的手法来描绘异形类的角色，但这些形象地塑造也是基于人脸的形状而改编的。

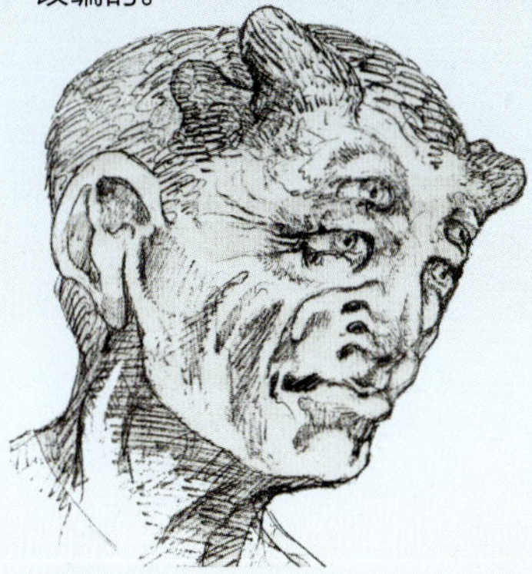

多重特征

太多的眼睛、耳朵和嘴巴会让人产生困扰和不安，它们不该被放置在错误的地方或者被画出多余的个数。

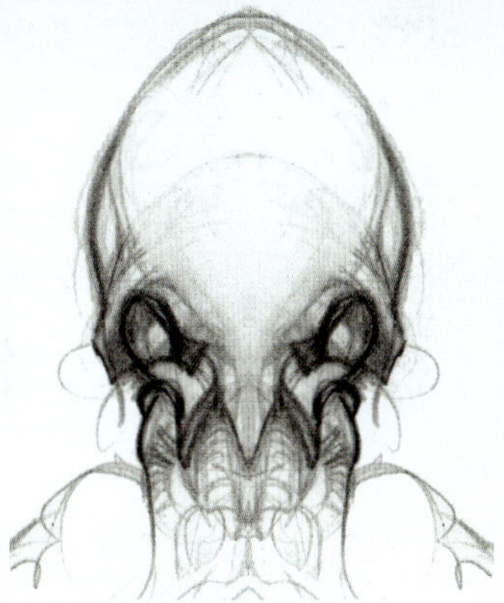

对称性与不对称性

不对称的方式适合于科幻类和幻想类的艺术题材。但是对称性也有自己的特性，常适用于类似昆虫的形象或者机械化形象。

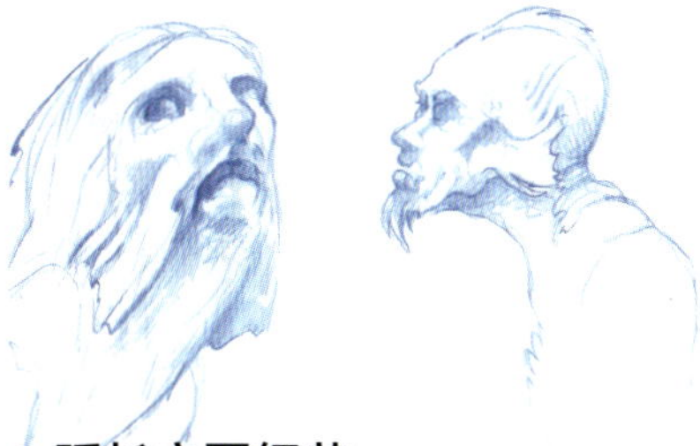

延长主要细节

延长后的形体，如范例中的脖子和嘴部，会让你笔下的角色具有幽灵一般的外观感觉。

艺术家工作室

作品名称：半兽人（Orc Boy）

作者：J.P.塔吉特（J.P.Targete）

应用软件：本数字图像由Autodesk公司出品的雕刻软件Mudbox（详情查看第153页）制作而成。许多艺术家会使用诸如ZBrush、Mudbox以及3D-Coat来创作“概念雕塑”，只是将二维概念创作用三维技术表现。这些展现出了艺术家在终稿中的优秀创意。

技巧：首先我会从一个球体开始绘制，然后用分割多边形和增加细节的方式将模型慢慢建立起来。一旦我对画草图比较满意，便会开始在上面继续进行绘制。Mudbox软件具有不错的绘画工具，虽然不像Photoshop软件那么优秀，但是已经足够好了。最令人欣喜的是这些绘画工具可以让你实时地绘制出对称图像。而且还可以在不同的材质特效通道上绘图，比如高光、光泽度、凹凸贴图，以便增加更多我所需要表现的实际效果。当完成了绘制后，我会对模型进行截图，然后用Photoshop软件进行润色并添加背景。这时的润色是次要的，我只是将那些在截屏时变得模糊的轮廓线清晰化。

黄金法则：完善角色

我打算通过困苦阴郁的表情来表现一个非典型的半兽人角色。眼睛、额头和嘴部的造型将成功地传达出这种感觉。作为人类，我们每天都会做出这些表情。如果为一个非人类角色建立一些表情，那么角色便可以被任何我们想要赋予给他们的情感充实起来。你会将角色完善，观众也会相信这些。试着运用如下练习：

- 试着在镜子前练习面部表情。观察自己面部的形变、肌肉的运动，还有体块的变化，特别是要注意额头和颧骨周围。
- 画出你所看到的。观察面部能够增强写实感的微妙动作，并思考你想要表达的情感，而不是单纯地玩文字游戏——一个微笑的面部表情和洋溢着幸福的面部表情是有着明显区别的。
- 在下一个角色创作中，使用你曾经表现过的情感，角色会更加生动。

使用镜像绘图

用软件制作面部和身体的一个好处就是可以创作对称图像。对称的面部呈现出怪诞的特征，在角色完美对称的脸上写满了冷漠。这里的两幅原始作品被纵向的中轴线分开。每边的半张脸都被复制、反转，然后再将两个完全相同的半张脸拼贴在一起，创作出两个相同但又完全不同的角色。

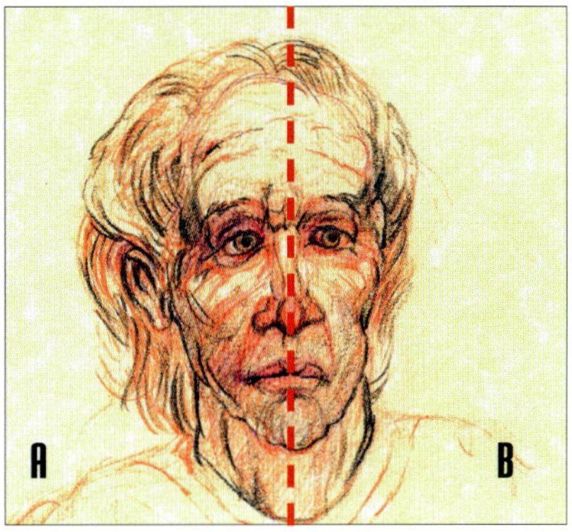

原始作品

首先扫描你的草图，找出面部的正中心。然后把它垂直等分成两份。复制A面和B面，并将他们（A1和B1）水平反转。将A和A1合并，B和B1合并。

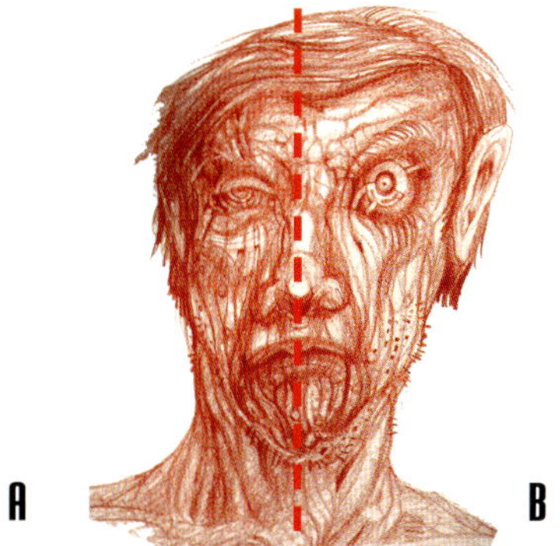

原始作品

这里，有一个十分扭曲而且不对称的面部。对一个已经夸张过的角色面部做镜像，会制造出两个截然不同的角色。但是你会发现它们还是会有着共同的特性，像左边图像一样，剪切、反转并合并图像。

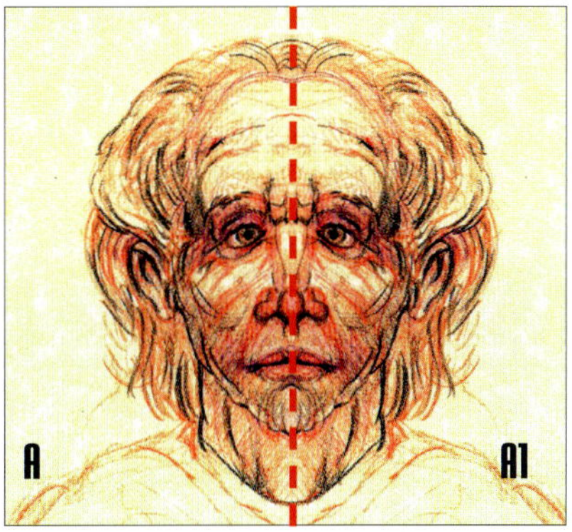

A+A1

歪斜的头发和阴郁的心情，使这个面部看起来像个男巫。

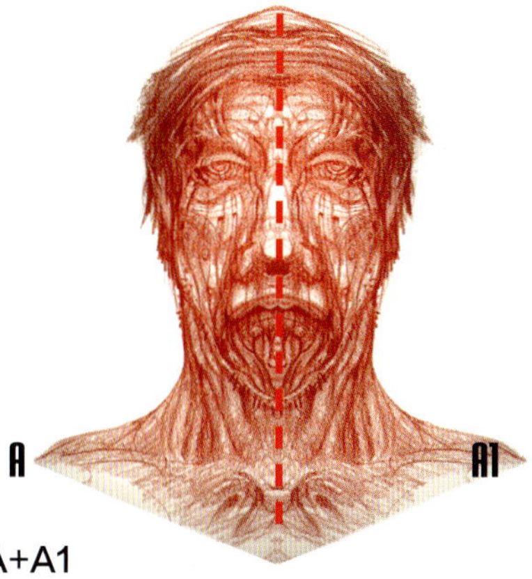

A+A1

A和A1组合创作出一个三角形的、像啮齿类动物的面部，突显了角色的疯狂。

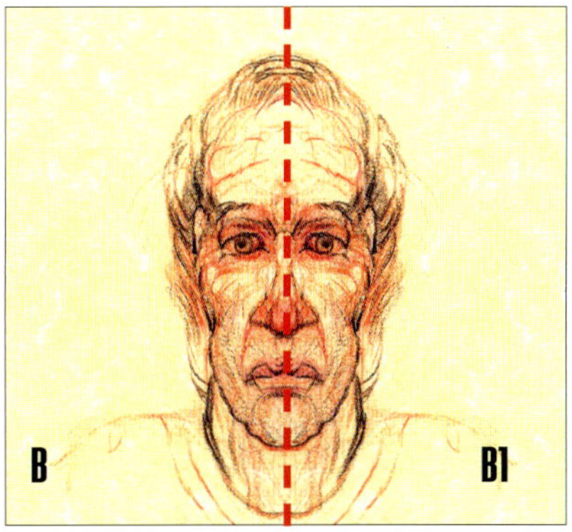

B+B1

图像被镜像之后，拉长的面部让其看上去像个沉默寡言的店员。

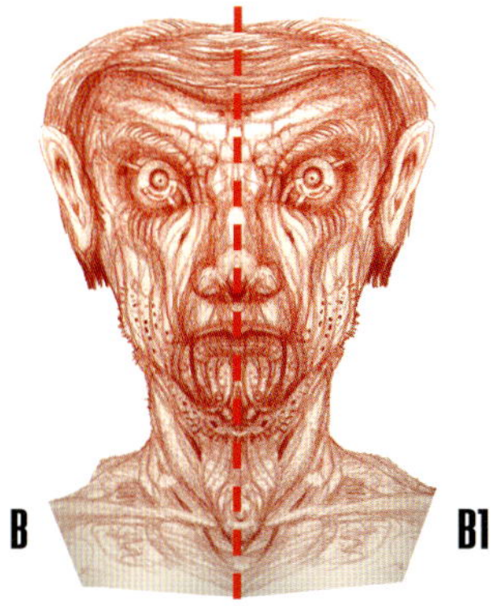

B+B1

B和B1组合成为了一个蛋形的头部。这个角色看上去类似一个两栖生物，而且还带有一点忧郁。

艺术家工作室

作品名称: Barrakus角色

作者: J.P.塔吉特

工具: 铅笔、墨水晕染、数字绘制

技巧: 首先画出清晰的线条，然后再用棕色墨水在有色纸上为草图打底。

黄金法则: 恶魔产生于细节当中

想象一幅风景画。当你最初见到它的时候，它只是有大面积的颜色，但如果靠近画作，你会看到很多的细节。在概念设计中添加细节是必要的。但是如果你像一位3D设计师那样，忠实于捕捉那些精准的设计，那么你就必须提供正确的细节信息。可能概念设计师会把细节工作交给一个值得信赖的3D设计师去做，而我更倾向于把自己想象出来的东西直接提供给他们，甚至小到腰带扣上的宝石。

▼角色草图

这些设计是我展示在纸上的最初想法。保证开拓自己的想法是非常重要的，因为尽可能地展示它们应有的样子，才能使角色成为一个成功的设计。

◀角色服装设计

与优秀的解剖结构和角色设计一样，服装设计也是一门艺术。这是赋予角色历史、文化和自己游戏世界特征的一种方式。你应该设计适合角色体形和骨架的服装。Barrakus角色的身体呈三角形，因此所有的服装设计都应该遵从这点，无论是从他的兽皮裙、他的胡须，再到他的坠饰，所有的裁剪都应该表现出恰好是为他设计的一样。其关键词就是“量体裁衣”。

◀▲ 头部变化

头部与面部是建立角色个性和态度的关键。我想为客户呈现出从邪恶到活泼不同风格的头部和犄角的变化。这一步的关键词是“个性化”。

到达概念设计的终点

你已经试验过各种姿态、面部、服装和饰品，但是现在才是做出困难选择的时候。事实上，这些选择会因为之前早期的素描草图而变得容易一些。这里只有少量的关键性设计元素会使其变成最终的设计，同时还有少量的元素会被抛弃或者修改。有时候你会按照客户或者艺术总监的指导来制作，有时候你也会遵循自己的直觉。Barrakus角色的主要元素中需要被修改的是头部与面部：客户想要一个更加傲慢凶恶的怪兽。对深血红色的皮肤和角色腰带上青铜饰品颜色和肌理的塑造，会帮助完成此项要求。最终完成的设计就是：没有任何细节被遗漏。随着游戏制作技术的不断进步，概念设计师需要创造更多的细节作品。

构图中的动态

在游戏艺术中，你运用图像画面引领观者进入一个特定的窗口。每一幅画面都需运用不同的方法，并基于概念设计中的视点、情感或功能将所有元素组合起来。在一个视频游戏中，你总是会忙于设置格式：电脑显示器的尺寸。这听起来可能会对你的设计产生很大限制，但是事实上会为你提供多种的构图选择。

利用光源集中视点 ▶

几个世纪以来，设计师一直都在用光线引导观者的眼睛来设置构图。在这张图中，那个高耸的建筑可以被看作是一座被照亮的外星人的宫殿。就像是对这一幕的敬畏，我们也被其中的光线吸引，并期待着画面能够给我们带来更多的信息。

◀中心位置法

一个最基本但又最行之有效的构图方式，就是把你的主要兴趣中心设置在画面的中心处附近。在这张图中，圆形的屋顶结构是我们主要想表达的，不仅仅是其大小，还有位置。尽管它不在画面的正中心，但是它的视觉优势明显高于其他那些比较起来更加弱的结构。

◀ **截取关键动作**

对角线构图是一种强有力的构图方式。本图中利用角色翅膀的末端制造了一种潜意识的构图方式。这位艺术家引导了角色在镜头中的动作，同时也左右了观者所看到的事物：构图展现着游戏中的动作，也左右着玩家的视线。

从左到右的阅读习惯 ▶

正形和负形之间的对比是一种有力的构图工具。当构图顺序引导观者从左向右或从右向左地观察时，对比会变得更加强烈。这是一个奇幻丛林的镜头，其中树枝作为负形，构图引导你的眼睛从左边的猿人开始，穿过英雄所在的树枝，然后到达背景处的城堡。这位设计师想要通过英雄和围绕创作意图所建立起来的构图，把你的注意力吸引到观赏城堡上。

透视基本原理

作为通过二维平面创造三维空间与形式的传统方法，透视在幻想艺术中作为一种方法既可以很简单也可以很复杂，但是始终都会为画面增加冲击力。

透视基于一条可以观察到或者被隐藏的视平线，还有一个或者多个在视平线上的消失点。

一点透视

在一点透视中，所有水平方向的线条都会从观者向消失点集中。当垂直线条确定后，应该保持正面的水平线条与视平线平行。这相当于顺着街道进行观察；道路会在视平线上汇聚于一点，两侧的房屋会使街道看起来窄一些，并增加了距离感。一点透视是最容易的方法，并且在幻想艺术的速写中，起到了重要的作用。

两点透视

在两点透视中，你会在视平线上有两个等距离的消失点；同侧水平方向上的线条会指向其同侧的消失点。这种方式会在表现街道转角处的时候用到。

三点透视

三点透视可以让你强调出向上或者向下的透视效果。这很像两点透视，但是垂直方向的线条也会交汇于一个消失点。如果它们向上交于消失点，那么你选择的便是以小虫子的视角。想象一下从地面看向一座高楼的转角处，你可以同时看到两条街道和仰视的高楼（这并不是普通的视角，因为通常情况下会倾向于在一件事物上集中注意力，而不是同时看所有事物）。在空中以俯视的视角，第三个消失点会在建筑的下方，因此垂直的墙面都会向下交于消失点。

解决问题

当你按小比例绘制图像的时候，透视的实际问题便出现了。比如，在用两点或者三点透视绘制外景时，消失点并不在纸上。而且如果你距离被画物体非常近，形变就会很大。你可以把这种规律广泛地应用，这样便不需要在跨过半个工作室的地方设置一个消失点。这里的例子给出了每一种基本的方法和作用。如果你对这类方法特别感兴趣，可以去找一些专门讲授透视的书籍，这并不难找。

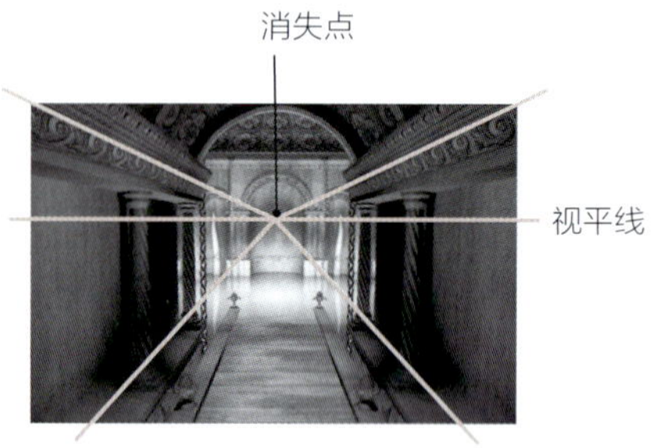

一点透视

画一条视平线确定出你眼睛的高度，并在视平线上设置一个消失点。消失点越靠近视平线的一端，那么这一端的物体就越会被压缩。然而你对面的垂直墙面并没有发生变形。两侧逐渐向远处延伸的墙面，可以从角落处沿墙体边缘向消失点汇聚。那些天花板上的建筑装饰线条和吊桥两侧的线条引导观者进入画面中心的水池。图像在一点透视的表现下，营造出一种身在有景深效果的立方体之内的感觉。

两点透视

水池中的高塔运用的就是两点透视，画面外有两个消失点。从中垂线开始，沿着左右两条平行于水面的无形线条，确定出高塔的底部，并与水面相交的线条。从塔的两侧开始，画出另外两条无形的线条。塔两侧的这两条线条的交汇处便是左右消失点。连接这两个消失点，你就可以确定出视平线。

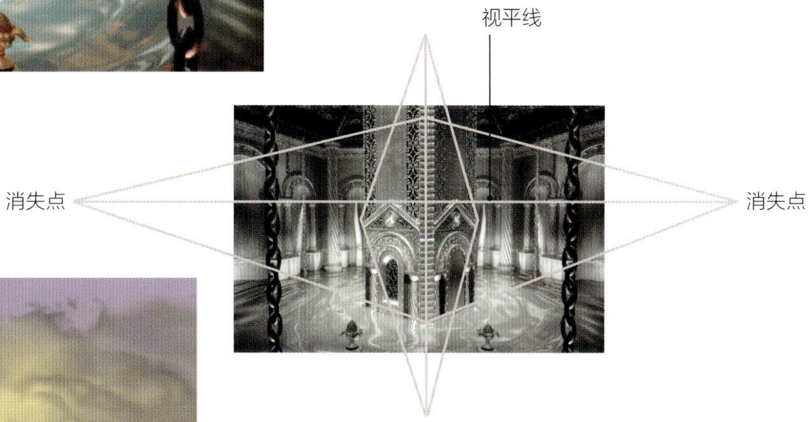

三点透视

在这个镜头中三点透视营造出画面的戏剧性，特别是当它作为游戏中的一个场景时，你作为行驶中小船里的一个角色。垂直的线条都向上倾斜，并汇聚在空中的消失点。与此同时，水平方向上的线条都汇聚到两侧，就像上图所展示的两点透视一样。

灯光效果

为作品增添灯光效果可以营造出场景的气氛和创造戏剧化的效果。

“用光线绘画”是约翰·奥尔顿（John Alton）同名书中的一个叙述性用语，以此来描述电影摄影师给场景打光的过程。电影摄影师关注的是用光线传达情绪和戏剧的重点。你也希望自己幻想类概念设计图的光线有同样的效果：营造气氛、传达图像重点。

剧情和深度

图像场景中的灯光效果会决定场景设计的目的。一个具有深刻内涵的场景可能只有一个光源，比如光束照亮了一条穿过森林的小路，或者是光束从上方开阔处倾泻在一片空地之上。这就表现出了一个情节或一种艺术手法。

灯光效果还可以作为时间的参照，营造出强烈的视觉冲击力，比如闪电或激光光束。灯光效果为场景层次提供了线索，如图近处的阴影衬得远处的物体更加明亮。

图层中的灯光效果

在Photoshop软件中为图像添加一层黑色的蒙板，或一个深色的图层，可以使透明度仅仅只能将下面的图像显现出来，如同关掉灯光一样。然后再把你希望得到光照的物体和表面留在图层之外，施以适当的光照。当一小块区域暴露在灯光之下，这样就可以起到极好的渲染效果，也是一种表现从暗室的窗户照进来的灯光，墙上的火炬，或桌上燃烧的蜡烛发出的实用方法。

当日时间

幻想游戏场景中随着当日时间的变化表现出来的光照效果，既有美学功能，也有游戏机制的功能。对于概念设计师来讲，用一个相似的场景来展示整个动态的世界，灯光效果当然扮演了最不可或缺的角色。如图所示，隐秘行动的概念设计，运用当日时间的变化效果能够帮助或妨碍你的探索之旅。

1

2

3

用灯光效果实现剧情或气氛意味着图层的规划。光源最充足和最明亮的区域就是光照的地方。以发光点或光源为圆心，光线为半径，色调由暖色过渡为冷色，而光照区域的周围则由亮转为暗。

1. 正午

前页图中展示的是未发掘的丛林庙宇，沐浴在上午的阳光中。你也许是第一个看见这个遗址的人，但是你的对手们很快也会来到。布满蔓生植物的入口会随着挖掘而重见天日。在Photoshop软件中，淡黄色图层构成了中性暗淡的光照效果。然后将加亮层铺在上面，营造出朦胧的感觉。前景中枝叶繁茂的树冠和蕨类植物能够帮助整合场景、建立视角。

2. 夜晚

阳光图层和树叶图层可以轻易地在Photoshop软件中去除，还可以添加新的图层改变阳光下未发掘的遗骸为夜间的开采活动。到了夜晚场景，入口处就更加明显了。这里提供了一些选择，有些有益，有些无益。篝火是活动和文明的象征，可以让人觉得亲切。但是谁来给篝火添柴呢？高斯模糊工具可以创造出模糊的绒光效果（详见第43页）。

3. 黎明

清晨的光线中，篝火已经烧尽，这时最佳的时机出现了。大家都还睡着，正是暗中寻找正确入口之时。在Photoshop软件中使用中性光束照亮背景图像，在不同的图层中选择蒙版添加和去除阴影和光效。然后，可以复制或擦除部分图层上洒向表面的光束。

照亮角色

光线照在脸部的方式可以决定人们对角色品格和表情的解读。

从上方照射

眼睛全部被黑暗笼罩，他的光头和浓眉呈现出了邪恶的面孔。

从右上方照射

虽然他的左脸仍在阴影中，但是效果就没有上幅那么明显了。

从右侧照射

他右脸和身体在白色光线的照射下呈现出了丰富的细节。

从下方照射

眉毛和下嘴唇得到了强调，胸部和手臂的肌肉线条得以突出，呈现出邪恶的力量。

对比光源

在幻想视频游戏的领域中，从玩家控制角色的个人光源到带有互动性质的魔术特效，光线有着许多形态和用处。不同性质的光效会以不同的方式影响场景，也许是设定一个表情，照亮一条重要的路线，或揭示一个重要的元素。这里展示的例子是用Photoshop软件中的蒙版工具，渐变填充工具和图层中的笔刷工具一起完成的。高斯模糊滤镜也是一个很有用的应用，使用24%的填充量来创造如图像（1）所展现的那种笼罩着的灯光效果。

1

2

3

1. 闪光光源

闪光光源的白色光线照亮的是路径上的物体，并将其他一切投射进黑暗中。

2. 火炬光源

火炬光源比较模糊，只能照亮水面和湿石头的表面。这种光源更加温暖，但效果比较粗糙。

3. 电光源

电光源的颜色比较均匀，表面上的光线比较统一，而周围的光线也要比火炬光源或闪光光源更多。

艺术家工作室

作品名称: Extinction: The Last Chapter 游戏

艺术家: 比尔·斯托纳姆

应用软件: Photoshop软件中的数字绘画

技巧: Photoshop软件中的“高斯模糊”是一种用来模糊某个图层的滤镜，如此图中的绒光效果。如下可见，所有的光点都存在于Photoshop软件的两个图层之中（巨型蘑菇发出的光斑和云层中透出的阳光）。第二图层是第一图层的复制，只是将透明度调整以透出光源。这就创造出了“高斯模糊”的效果。

黄金法则：对比

一定要经常使用中性或冷色作为画布，以突出作品的光效。因为这样会营造出更强烈的对比效果。

在这个场景的单色调分析中，颜色最浅的区域更偏暖色调，而较暗的区域色调最冷。

色彩与气氛

无论从实际意义还是比喻意义来看，跟灯光效果搭配使用的色彩是创建气氛的必要元素。

我们通常将色彩、气氛和物体的状态联系起来，所以画作中常常用颜色来设定角色的身份与性格。例如，我们会用深土黄色混合蓝灰色描绘反派角色的衣着，将浅而温暖的色调用在英雄的身上。一个场景的颜色也可以表现气氛。我们用蓝和绿来画凉爽的绿洲，用明亮的黄色、白色表现沙丘，这样就会给人清爽的感觉。然而，同样的场景若是要呈现夜晚的景象，就要去掉颜色和色差对比，绿洲和沙丘便会显得杀机毕露。色彩还可以用来表达时间。比如，用深茶色和粉色混合成深紫色来表现黄昏时分，用淡蓝色和灰色来表现月色。色彩的反差可以激发剧情和能量，例如爆炸的轮船同深黑和蓝绿色的海浪形成对比。

色彩分层

为了实现色彩效果的最大化，从灰色值开始，逐渐添加其他颜色进入场景。在同样的场景或角色身上加入不同的色彩图层，会让你体会到哪种颜色能够最恰当地反映角色和敌人的情绪，以及他们所生活的环境气氛。添加一层深茶色、蓝色及偏暖的底色，这样忧郁的气氛就能表现出来。这些同样也可以应用于Photoshop软件中的色彩图层。

色环

不同颜色之间的关系可以用下面的色环显示。红色、黄色和蓝色是基色（用P表示）。它们中的每两种颜色混合起来就会产生次生色（用S表示）。因此，黄色和红色组成橘色，红色和蓝色组成紫色，蓝色和黄色组成绿色。三次色（用T表示）由任意两种基色以不同的比例混合而成。

暖色通常用在中心角色或主要聚焦图像上。它们比较清晰、鲜明。

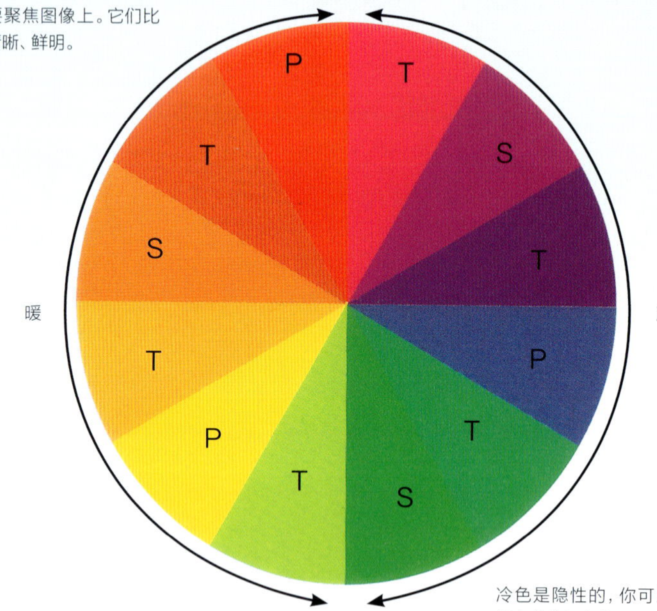

冷色是隐性的，你可以使用这些颜色作为幻想作品的背景，或与暖色配合形成鲜明的对比。

使用色环合成颜色

互为补色的颜色位于色环的对立端。它们相互衬托对方的明度，联合起来使用还能创造出动感的效果。相似色在色环中彼此相邻，在共同使用时，就没有上述的那种动感的效果。恰恰相反的是，相似色在一起会达到平静的效果。

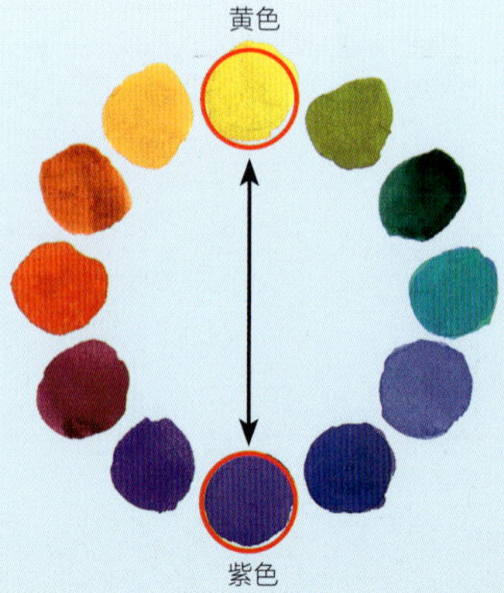

◀ 补色

黄色和紫色互为补色，因为它们位于色环的对立两端；黄色在紫色旁才会显得最为鲜明。红色和绿色，蓝色和橙色在一起时，也会起到同样的效果。

相似色 ▶

黄色、橙黄色和橘黄色在一起时，就没有与各自的互补色同处时显得那么鲜明了。蓝绿色，绿色和蓝色这些相似色也是同样的道理。

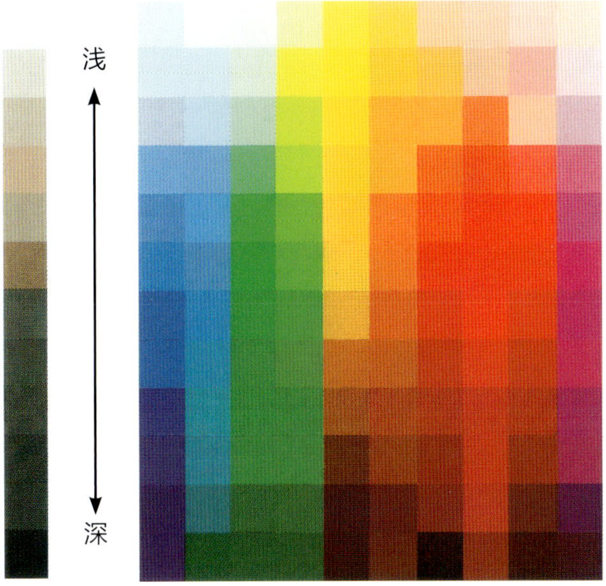

◀ 色调对比

左图展示了不同颜色的色调对比情况。显而易见的是，每一种颜色的渐变都会表现出不同的色调，比如绿色就有深青苔绿和亮黄绿之分，而蓝色也可以区分为深蓝色、天蓝色或淡蓝色。你可以使用相似色调和饱和度的颜色制作混合色。一系列的设计手册会重点介绍这种组合，也许会对你的幻想艺术设计有所帮助。你还可以通过观察自然世界来寻找这些细微的色调变化。

关注颜色 ▶

许多设计的重点，无论它们针对的是环境还是角色，都需要简洁并有效地添加重点色。在这幅图画中，夺目而入的是基色（红色和黄色）。这是因为基色的饱和度最高。它们拥有强烈的冲击感，即使你仅适当为之。而且往往当你已经竭尽全力地像图中这样，用单色强调出主要细节时，反而会有意外收获。绘画的时候，千万不要使用相同色相，但明度不同的颜色来绘制亮区和阴影区。真实世界是由数不清的色彩映衬融合而成的，尤其是在视频游戏中，区分不同角色和他们所处环境时更为重要。

使用色彩来表示当日时间

这些色彩研究来自Sony Online Entertainment公司的《自由国度》（Free Realms），展示了创建三维环境之前的调色板计划。灯光可以影响一个场景的情节气氛，所以这些设计可以作为设计师使用颜色和光效传达适当气氛的指导。构建这个三维场景的设计师可以参考这些图像来指导他们的设计。

早晨

沐浴在温暖晨光之中的水面呈现出绿色调。并在天空和山际的交界处形成鲜明对比色。给物体材质添加黄色的效果统一了同是黄色的调色板。

正午

正午时分的色彩是所有游戏环境中最自然的颜色。游戏中的光线是没有颜色的，因此一系列的颜色变化可以得到最直接的体现。暖色系的建筑物用来与沙滩呼应，并与冷色调的绿色树木形成对比。

黄昏

黄昏场景的阴影更加昏暗和明显。海水的色调也更深了，场景中的各种颜色也变深了。此后，场景中还会添加红色来中和绿色蕨类植物的颜色。

夜晚

偏的冷中性色系控制了整个场景。天空和山脉的边界鲜有反差。游戏中的光线设定为紫色，因为它是小屋和沙滩上黄色的对比色。一小堆营火和窗口处的光亮呈现了温暖的色调。

艺术家工作室

作品名称: Borisia 5 游戏

作者: J. P. 塔吉特

应用软件: 在这幅画中,我先是用铅笔快速画出构思,并扫描图像,最后用Photoshop软件为图像着色。

技巧: 我使用了Photoshop软件优秀的图层系统来创建图像中的各个图层。通过复制和粘贴图层,以及改变巨型蘑菇外形的透明度,为我省下了很多时间。反复喷涂草图中的每个蘑菇会十分单调乏味。我还使用色彩图层功能来实现某些区域不同层次的饱和度。在油画中,这叫做“上釉”。

黄金法则:突显个人特色的配色

创建或确定调色板十分困难。有两个问题你需要回答:“什么时间”和“气候如何”。如果你可以回答这两个问题,那么你可以开始挑选一系列颜色以供使用。冬季的日落和夏日正午的阳光应截然不同。另外一个技巧是查看相关的参考资料,比如从一些照片或原始底片来寻求灵感。创建外星世界可以使你获得额外的自由,但是要切记保持一致性,使颜色互相搭配。不过画出你想要的样子还是需要反复练习的。

在你构建色彩图层的同时,查看图像的黑白版本会帮助你选择更广泛的色调区域;在这种情况下,从深蓝色、浅粉色到紫色的各种变化纷纷上场。广泛的色调区域可以避免使你的作品丧失层次感。高亮的颜色突显了剧情,可以引导观众注视那个形状。

创造逼真的幻想世界

数字技术已经实现了更高的分辨率和渲染效果，使得设计师们现在更加关注于现实感——使用最先进的材质贴图和建模技术，创造出幻想世界中的逼真生物和环境。接下来的八页你将欣赏到一位设计师是如何处理四幅不同的简图，并创造出迷人游戏世界中栩栩如生的游戏场景。

简图1：毁灭者的钟表（The Clock of the Destroyer）

这款第一人称射击类游戏的场景设定在扎尔火山大陆，共有八层炽热且又呈洞穴状的堡垒和庙宇。玩家会遭遇陷阱和敌人，也会得到鼓励行动的奖励。你的任务就是阻止世界的毁灭者。

环境：你的周围是一片古老且又具有强大文明的遗址残骸。几个世纪过去了，这个星球内核的岩浆得到了治理。玩家所处的环境是由电影过场动画和特殊场合的非互动场景展现的。

角色：身上戴着华丽装饰及刻有图案布条的神秘蒙面人，都是毁灭者的仆人——你的远古敌人。他们能够通过变成石像来保护自己。只有合适的武器才能伤害他们，而这些武器需要你通过每个关卡的挑战来赢取。

▲ 巨大的钟表房间

毁灭者那巨大的钟表房间看起来是这样的：一个固定在房间底部的悬浮球体，一直在房内移动。它的节奏与银河旋转周期一致。每一个它撞倒的雕像代表了一万年的周期，而最后一个石像的倒下象征着扎尔王国的衰败。但让最后一个石像的倒下尚需时日，而且设计者被关押在火焰庙宇之中：你的任务便是去解救他。

武器种类

这个火焰世界中的所有武器都与主题保持一致，既为了保证战斗的胜利，也为了确保创作的逼真性。

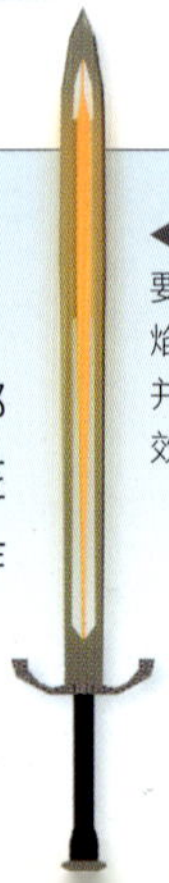

◀ 这是精英武士们的主要武器。这把火剑的火焰内核使它削铁如泥，并会对肉体产生灼烧的效果。

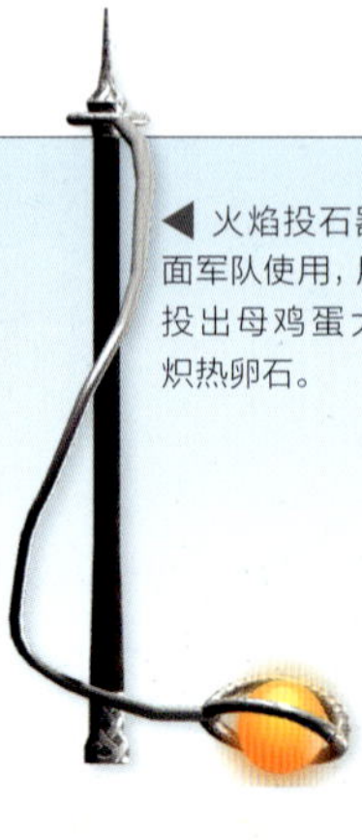

◀ 火焰投石器由地面军队使用，用来抛投出母鸡蛋大小的炽热卵石。

◀ 火焰矛枪，由飞翔在空中的骑兵投掷出来，如雨点般敲打在军队和建筑物上。它们可以融化甲胄和肉体。

▲ 岩浆枪由振波步兵携带，其功能是毁灭敌人司令部和控制中心，消灭它们的指挥官。此枪以一级马赫数的速度发射出炽热的球状火焰。

巨大的祭祀大厅

当你得到一幅简图的时候就让你的想象力自由飞翔吧。巨大的祭祀大厅可能是一座用玄武岩和融积岩建造的宏伟拱顶大厅。你所看到伫立在背景中的石像可能是受害者，由于身上覆盖了固化的岩浆而痛苦地挣扎。其中一个巨大的石像就是纳瓦尔(Navar),设计毁灭者钟表的伟大科学家。你在这个场景的任务就是爬到玄武岩石柱的上面，去引爆熔岩雕纹来营救纳瓦尔。

简图2：冰封世界（The Frozen Realm）

这款战略角色扮演游戏是关于生存和收集物品，重新激活废弃的武器，对抗敌人和建立同盟的。

环境：对于幻想类设计师来说，游戏中所呈现的对冰雪的挑战是其中的主要。总共有五个关卡，需要通过冰层和岩石筑成的高塔和怪兽的洞穴，其中最困难的一关就是探索沉船陈列的水下外星文明。你的游戏技巧和一路结交的盟军会帮助你探索和发掘藏匿的武器和知识，还有终极战斗目标——冰雪皇后。

角色：这个世界有几种角色：冰雪机器人，来自更古老文明的（驾驶者坐在位于骨盆的驾驶舱内）六个肢体的智能装甲车；海洋居住者，有些掠夺成性，有些很友好；Horned Mudwort是一种海底哺乳类动物，头顶上长着一对长牙，可以刺穿坚冰或根除海胆和贝壳类动物，还可以抵御Marasaur角色，它是这里唯一的捕食者。

▲冰雪机器人

为了驾驶员能够舒适地坐在冰雪机器人的躯干中，它的冰雪捡拾器需要保证在冰墙上的灵活性和牵引力，同时它装有盔甲的头部还需要装备致命武器。在这个设计中，一个三英寸的机关炮装在它的头部，而它的胳膊则呈钳子状。

◀吸盘生物

吸盘生物会在海洋之中大量产卵，是种可以飘在空中的水母状生物，它能够制造氢气，随着冰面上的季风飘浮，用有麻醉效果的触须包裹，并抓住任何它能碰到的生命。

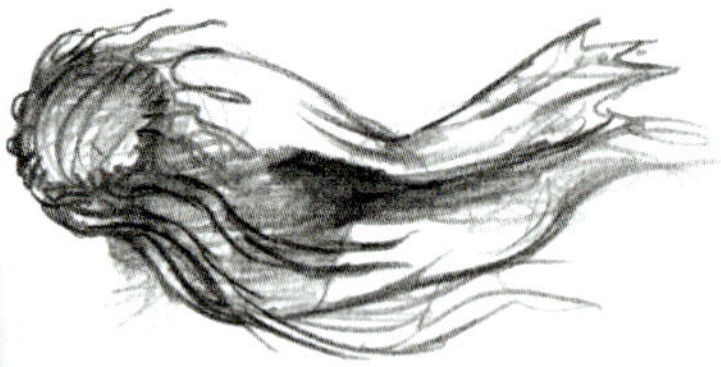

解除冰上障碍

这张概念草图呈现了半埋在冰里的生物，它们拥有通往水下关卡的钥匙。你的主要任务是解救他们，并使他们帮助你解除冰上障碍，顺利前往冰层和岩石筑成的堡垒。石柱和堡垒之间的通道凶险异常，布满了薄冰。而且海洋捕食者随时都准备冲出来吞噬掉粗心的人物。不过与Horned Mudwort生物结盟会帮助你安全地通过关卡。

◀▲ 冰雪皇后

你的最终敌人是冰雪皇后，当然如果你能足够幸运地击败Marasaur角色和Ice Smasher角色的话。本设计使用了深紫色，与整个冰封世界的颜色一致。同时它们还使用了代表皇家的颜色，可以提升冰雪皇后高贵的身份，表示出她能够统治所有生命，也包括你在内。

◀ Marasaur角色

在这个设计中，Marasaur角色被塑造成形似鲨鱼的生物。它的主要捕食对象是Horned Mudwort生物，当然凡是闯入它领地的生物都会被它消灭掉。这种生物的天敌就是Ice Smasher，因为它们会在冰上到处追捕Marasaur，然后打碎上面的冰层，用斧子猛砍Marasaur的脊椎。

▲ Horned Mudwort生物

如果Horned Mudwort生物的两大主要目标就是食物和自我保护的话，角色的设计就必须能够反映出这点来。这样它头顶上长出的两颗长牙既实用，又有力。

▲ Ice Smasher角色

Ice Smasher角色可能是穴居生物，它的背后拥有粗喇叭状的刺和棒子型的尾巴，这些既可以用来自卫，也可以用来打碎坚冰，捕食Marasaur。它还可以和Horned Mudwort生物结盟一起追捕Marasaur，因为这两个角色来自同一个家族。

武器和道具

为了应对冰封的挑战，这个世界的大多数兵器都是长矛和斧子的派生品。

冰斧是Ice Smasher角色的首选武器。

爪牙状的破冰工具，用来凿开冰墙，同样也是个狠毒的武器。

巨大冰雪车车轮的陀螺状发动机保障了它的平衡。驾驶员在轮轴部位操控，是另一种冰封世界里的古老技术。

简图3：水母（The Ctenophore）

这是一款动作冒险类游戏，玩家使用学到的能力去战胜挑战。

环境：这是一个巨大的被水覆盖的星球。你是众多流浪航海家的一员。你必须同海洋生物进行交易，并避免如一座城市大小的水母漂到水上，钻入珊瑚礁石形成群落。水中共有八个关卡的挑战。找到通往最古老珊瑚城堡核心部位的密室，并取回遗失的水母魔法书，那么你就能够按照自己的意愿控制这些巨怪了。

角色：统治这个星球的生物是水母。当水母老去的时候，它们就会永远停靠在某地，丧失了自己的刺角，最后变成其他生物的家园，其中也包括Horned Krakenoid水怪。它是一种身体下部长满触角且具有人类容貌和躯干的神秘生物。它还拥有冷峻的脸庞，以及两只呈鹦鹉螺状的山羊犄角长在头顶。它居住在水母塔下缠结的珊瑚根部，在那里它会用贝壳斧子猎捕巨大的神殿蟹堡王（The Temple Krabs）。因为神殿蟹堡王寄生在珊瑚群而得名，代表了珊瑚塔的主要生命。它们用自己酸性的唾液和爪子精心制造出了内腔结构。然而这里最小的生命群体就是你们——流浪的人类。

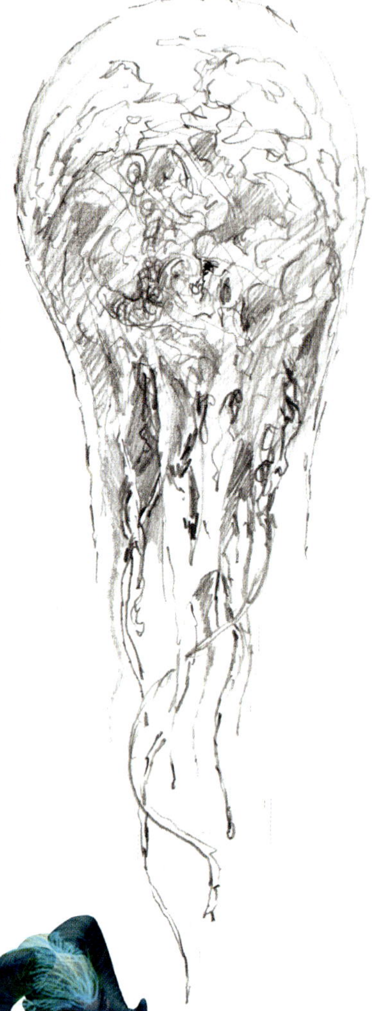

▶小水母

水母的幼虫期主要生活在世界上部的大气层中，以及营养物质丰富的塔状云雾层中，以捕食齐柏林硬式飞艇大小的幼虫为生。而这些营养物质也许会促进水母触须的生长，因此在这幅小水母的快速草图中它的触须还很稀疏，只是后来才长得如此巨大并沉入水底，捕食你的船只。

▲成年Krakenoid水怪

这里展示的是成年雄性Krakenoid水怪，正挥舞着猎杀蟹堡王的斧子。它可以在水上生活一个月，在水母塔内部捕杀神殿蟹堡王。想想雌性Krakenoid水怪会与雄性的有怎样的不同。

▼幼年Krakenoid水怪

想象一下一个角色如何在游戏中成长。在这幅设计图中，幼年的Horned Krakenoid水怪还没有长出额外的两条触角和躯干上浓密的毛发。

◀200岁的水母

水母经过200年的飘浮后会在水底固定下来，然后钙化，变成巨大的珊瑚塔。雨伞状的设计为躲避暴风雨提供了避难的场所，但你千万不要被这个假象所迷惑。

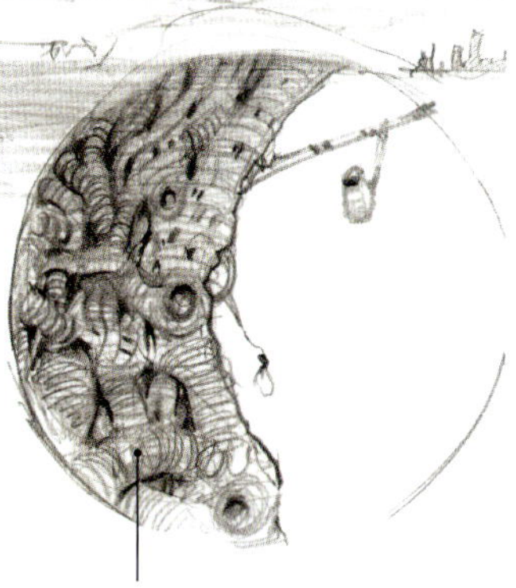

水母的细节呈现出珊瑚寻觅食物时的吊索。

▼神殿蟹堡王

神殿蟹堡王有Krakenoid水怪的两倍大，拥有巨大的爪子。它们可以在一瞬间将Krakenoid水怪从触角处分成两段。

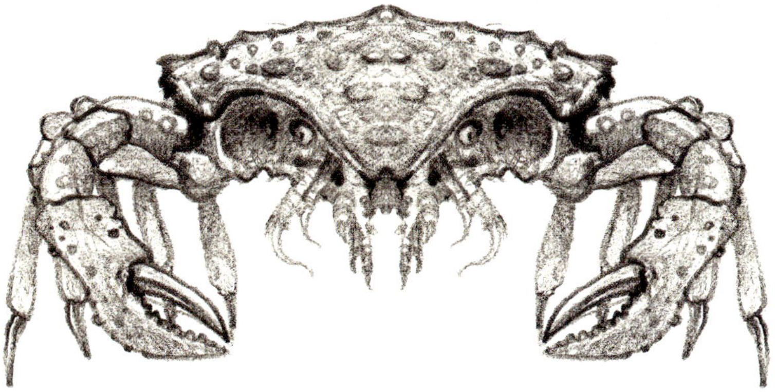

航行中的水母

在游戏的这个部分，为了躲避三只水母的攻击，设计师想象着流浪的帆船正在水面上乘风破浪。否则水母的触须会把帆船和船员拉到如城市大小的内腔中，并用几十年的时间慢慢消化。你的挑战就是控制帆船安全地驶过。

简图4：灭绝女神（Goddess of Annihilation）

这款动作游戏包含了有毒爬行动物，25厘米翼展的吸血蝙蝠和食人的生存陷阱，展现了一个弱肉强食的世界。玩家需要使用全部生存技巧，在寻宝之旅中发现藏匿的仪器和密室。

环境：游戏场景设定在丛林密布的星球上，火山还冒着烟。九个关卡的挑战指引你走向最后的目标：藏匿在火山神庙中的黄金灭绝女神像。探险过程中，危险无处不在。

角色：所有人类在丛林中建造的庙宇和建筑早已消失殆尽。只留下他们的“后代”——衍生出的畸形生物。如吸血蝙蝠，能够一口吸光一个人所有的血；还有双尾Quetzal Serpent 生物，它把守着圣池，巨大的下巴能够吞掉一匹马。

▼九头蛇怪

九头蛇怪长有分泌毒液的头颅，还配有锋利的尖刀。

▶圣池

概念原画设计师会同关卡设计师合作，一起规划游戏环境中的互动区域。在这个游戏的设计中，设计师将圣池的入口设定在Quetzal Serpent生物和雕像谜语（右边）的下方。远处的火山烟在示意玩家：你所寻找的黄金雕像藏匿在洞穴的最深处。吸血蝙蝠开始了他们黄昏的觅食，捕获那些警惕性不高的猎物。为了接近伟大的雕像，你首先必须解决圣池的谜语。回答正确后才能为你开启洞穴深处通往火山庙宇的入口。

雕像人物

这款游戏的重点是身体技巧和格斗能力，此外还有聪明才智。这个雕像包含的谜语是你成功通关的钥匙。

这尊冷酷的骨肉之神提供了开启圣池内部水下密室的钥匙。从正面你可以看见祭祀平台，受害者也被捆绑在此。

这尊雕像的背面可以看见人类的头盖骨，它的眼窝就是钥匙孔，这里就是转动Quetzal雕像并打开密室的机关。

侧面展示了铭文和字谜，帮助你解开圣池的秘密。

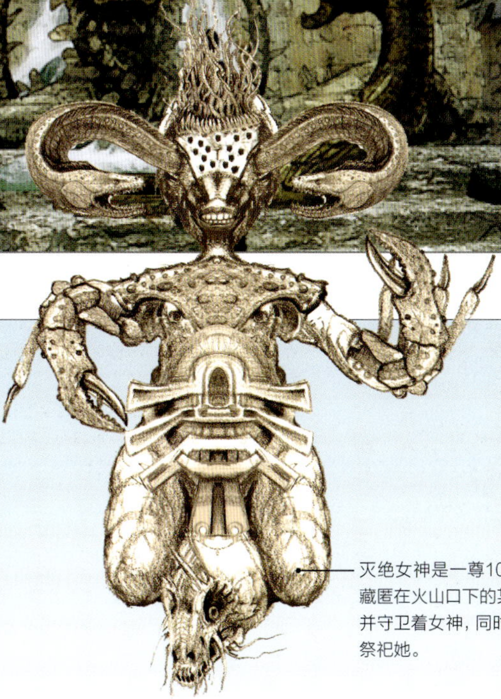

灭绝女神是一尊10米高的黄金雕像，藏匿在火山口下的某处。九头蛇怪膜拜并守卫着女神，同时还用侵入者的肉体祭祀她。

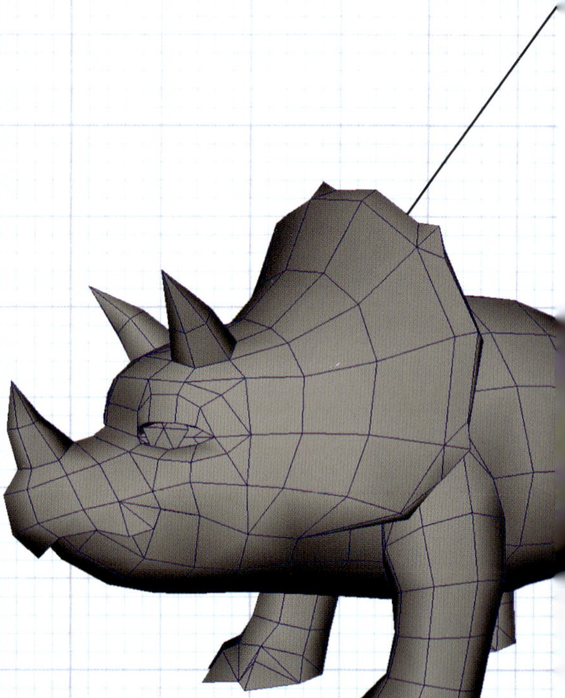

02 三维概念设定

如果你设计的概念获得认可，那么你的创作将会成为技艺精湛的模型师和动画团队的重要参考和灵感来源。他们将会完全根据你的原画，使用 3D 建模软件创作场景和角色，并进行推广。在不同的公司，建模和材质制作的技术、阶段也不同，但是本章将为你简要介绍其中的关键过程。

关卡设计

“关卡设计”指的是一个游戏独立设计的部分。它是在充实主要概念、确定游戏技术后进行的。

视频游戏被分为不同部分或者不同层面，正如图书和电影被分为不同章节和场景一样。关卡设计师会为游戏设计师或者环境设计师提供网格实体，作为对游戏概念设计的基本指导。你的任务是使用这些网格将多边形模型分层，为环境设计师和关卡设计师提供完全符合该种游戏设计概念的互动区和路径限制。

重要提示

在设计游戏分层时，有些因素需要考虑。如果你是在建立知识产权的基础上设计，那么你可能需要考虑更多的指导原则。

- **奖励：**在玩游戏的时候，玩家潜意识会期待奖励。奖励可以是技能水平的提升，可以是获得游戏中的物品，也可以是发现游戏秘密，或者仅仅是顺利完成有难度任务的满足感。

绘制截面图

绘制关卡设计师设计的多边形模型的截面图是一个很好的开始。理论上，模型师在创作多边形模型前就应该获得相应的设计。现在是做出最终形象的时候。考虑一下游戏环境可能是什么样子，温度如何，材质可能是什么。该阶段会为你提供完整的游戏环境概述。这样你就可以开始想象挑战、风险、可能获得的奖励或者道路指引。

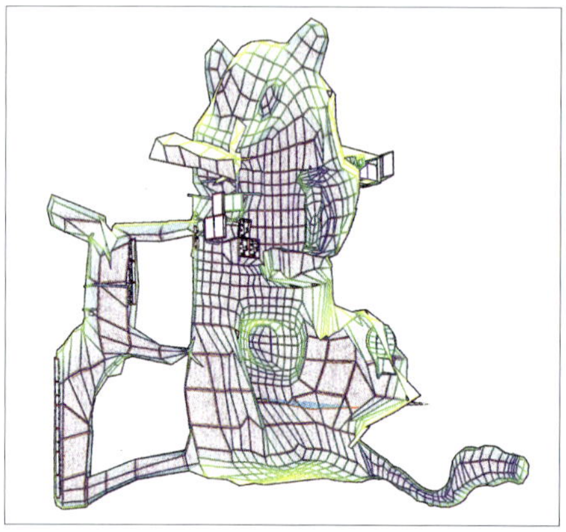

关卡设计师设计的多边形模型渲染。

第一步

渲染多边形模型可以为关卡和混合提供材质。在这一步骤中，应添加岩石的细节，着重突出其轮廓和裂缝。

第二步

在Photoshop软件中创立图层，此处使用的是39%绿色滤光镜，并保存在单独的图层中。另一个包含阴影的图层，使用的是45%绿色滤光镜。

第三步

添加细节。建立新的图层，使用多边形套索工具来塑造柱状光束。使用灰白色渐变填充（前景为透明色）以实现光照效果。对带有材质的岩石图像进行剪切和粘贴，形成凹凸部分。

第四步

添加瀑布和水流效果，以增加难度、营造气氛。

- **风险：**奖励应该和风险搭配。如果玩家成功跨越了布满机器食人鱼的熔岩湖，就应该奖励一些有价值的东西，否则他们可能会感觉这游戏无缘无故的难。
- **难度的增加：**玩家喜欢从简单的任务开始，以便练习和学习。之后，他们会更乐意接受难度更高的任务。
- **兴趣：**这关系到保持玩家对游戏的参与度。不过一项游戏只能有这么多游戏技巧，并且也只能有特定数量的对手或任务。

▲ 这是洞穴的入口，在此应该设置简单的任务，因为这可能是众多级别中的第一级。在更高的级别中，使用相同的游戏规则，可以使玩家通过最小的风险熟悉游戏。

互动的隐性图层

玩家需要互动、需要寻找线索和奖励、需要面对隐藏在暗处的危险、需要选择正确的道路。而你需要通过环境讲述一个故事，并在多边形模型上绘制出来。不同的选择能够使游戏更加富有趣味性。下面的内容会详细讲述。

▲ 从这个悬崖峭壁上，玩家可以看到便于攀岩使用的那些坑坑洼洼的把手点、立足点以及凹壁。强烈的光束照亮了隐藏在深处的道路，但也增加了危险性。

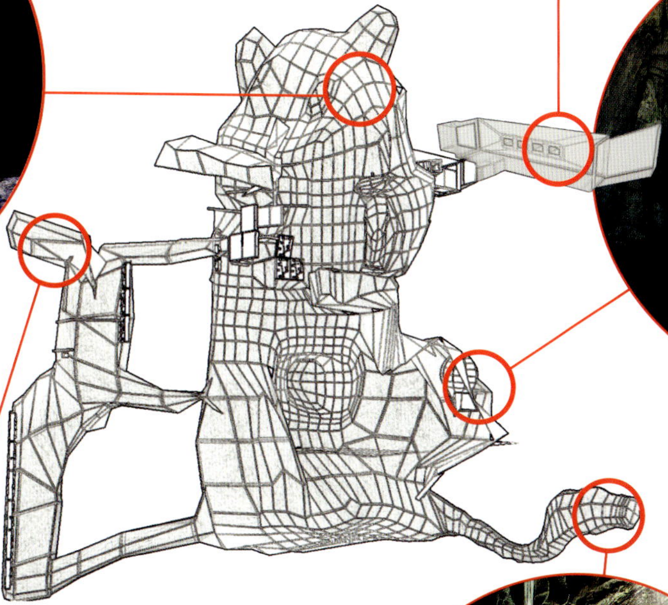

▲ 照亮蜘蛛洞并将光束聚焦在入口，是一种很好地引导玩家继续前进的视觉方法。因为转移视觉注意力可以指引玩家最终找到目的地，无论过程有多危险。

◀ 发现过去探险的痕迹能够增加游戏的危险感，使玩家感觉自己像英雄一样。因为他完成了别人未完成的任务。而这些尸骨也警示玩家，有动物正在潜行觅食，很可能自己会成为动物们的下一顿晚餐。

◀ 玩家玩得越入迷，就会越期望得到更好的奖励。这里住着该区最凶猛的动物——“魔王”，因为打败它通常就意味着你已经完成了该区游戏的一个重要关卡。

数字建模

这时，你的设计已经完成，并获得了艺术总监的肯定。而且你也已经准备好了清楚、准确的设计说明，详细介绍了模型该从哪一部分开始创建的。那么，接下来该怎么做呢？

创建数字模型

专业软件非常昂贵，而且也比较难操作，所以一般来说概念设计师不需要使用它。数字模型师会负责角色的数字模型设计，而不是你自己。不过有些没有那么贵、那么难的软件可以让你领略这种惊人的转化过程，比如Autodesk的3ds Max软件（详细内容参见第113页）。

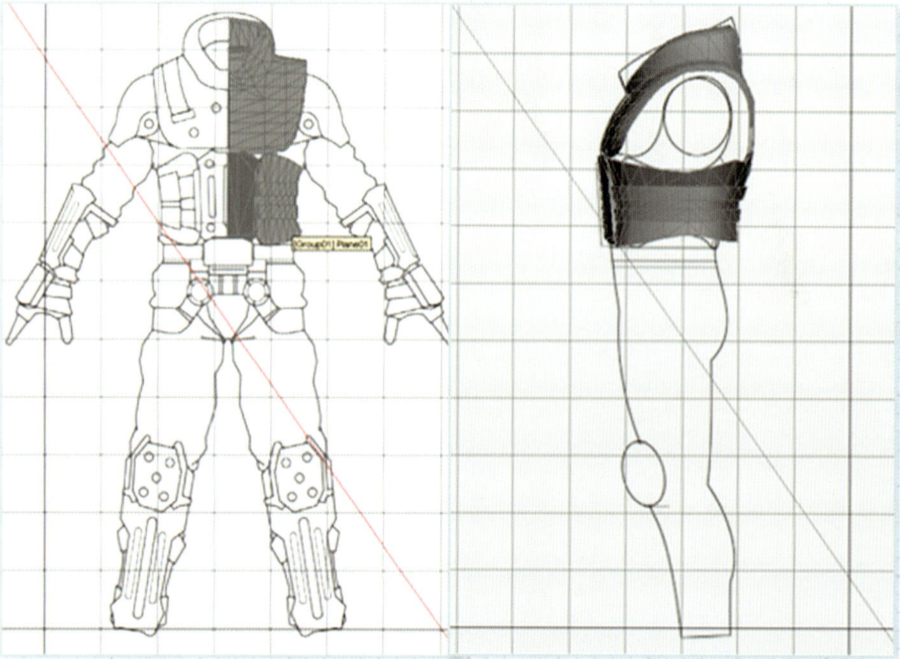

第一步：建立两个平面 ▶

在正确的角度设立两个平面，将二维图像作为结构参考图放置于这两个平面上。造型结构会根据人物进行合理调整。使用这些参考图，模型师就可以开始对这些图像进行建模。通过直接从前面或者侧面观察，模型师可以看到结构曲线的变化，开始绘制与之匹配的几何图形。

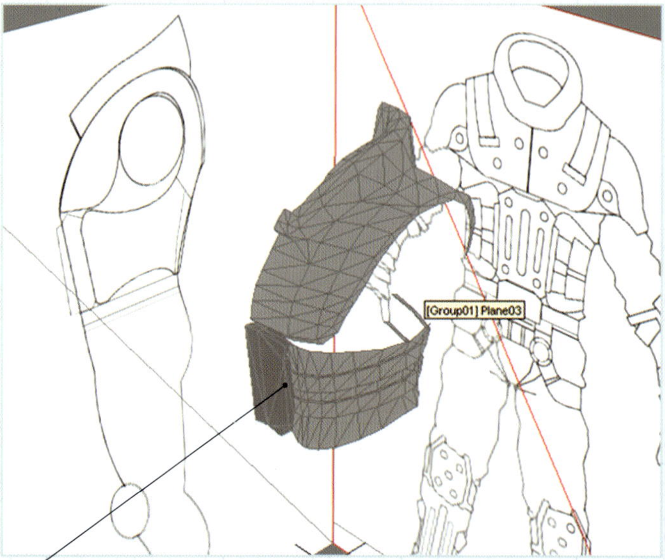

身体外形

第一步，身体部分是根据独立的多边形建模（Polygon）开始的，以便确定正确的身体结构。

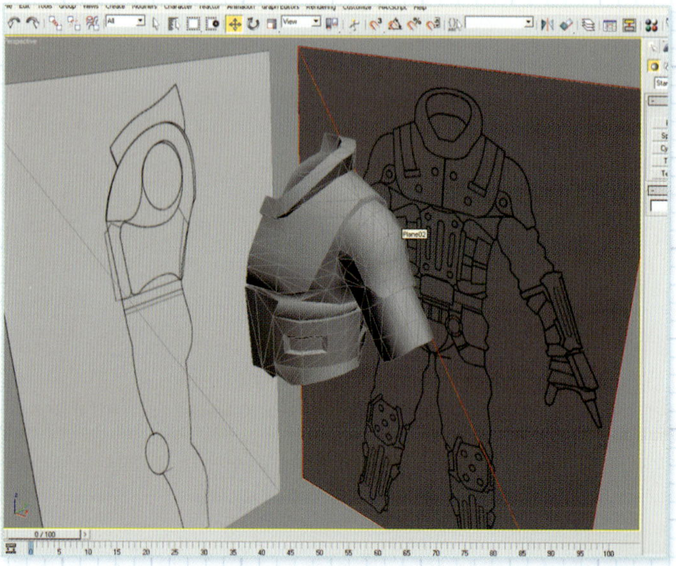

▲ 第二步：移动节点

模型师会先看看正面，再看看侧面来进行塑型。本方法从平面开始建模，而其他方法则是从模型的立方体、圆筒和拉伸面开始。所有方法的原理都是一样的，那就是移动节点保持与参考图一致。这部分的建模非常费力，因为模型师必须不断转换角度，不断检查模型是否正确，直到满意为止。

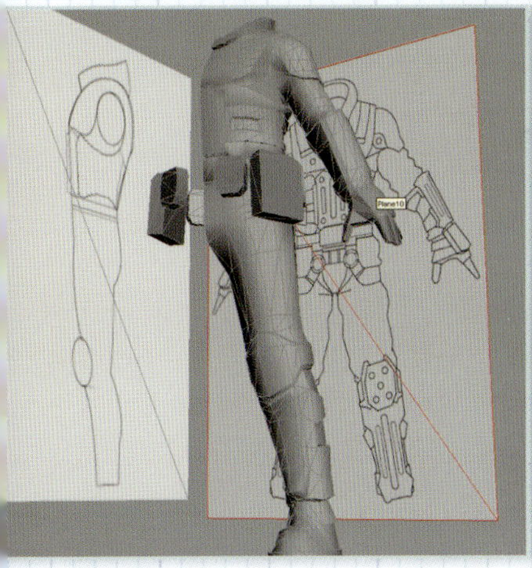

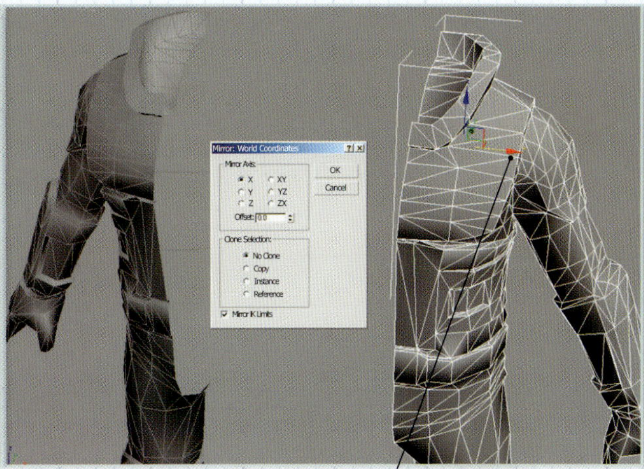

▲ 第三步：建造半个模型

有意思的是用这种办法建造半个模型，是因为如果角色是人，那么他就会是对称的。当半个模型塑造好了之后，模型师只要通过建模程序将其镜像，就可以得出另一半模型。这样还可以确保模型的左右部分没有差别，以免使其看上去不对称。

多边形建模检查
通过观察多边形建模的边缘可以使模型师检查数字模型结构是否精确。

塑造身体
塑造好半个模型后，然后复制、翻转、粘贴，与之前那一半形成整个身体。

头部怎么办？
该模型可以选择多种不同的头部结构，以便增加角色的数量，而不是对每一个身体都塑造一个新的身体结构图。头部造型所需的细节程度更高。

静止模型
这时虽然身体是完整的，但是依然是静态的体块，还没有进行任何装扮。

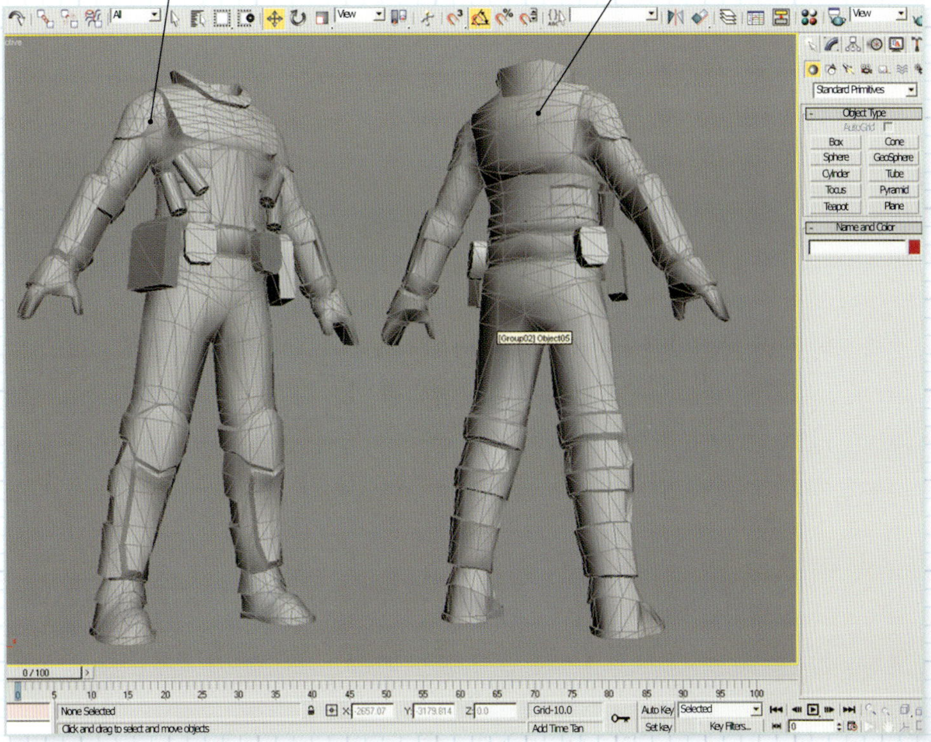

▲ 第四步：身体模型

身体的模型塑造完成了。因为这是一个游戏的中心人物会被玩家经常看到，所以它有较密的多边形。这意味着该模型更加复杂。这种情况下，模型师需要单独塑造头部，格外注意网格形状的正确性。

最终理念设计
在设计组确定最终版之前，你需要完成许多不同风格的人物草图。

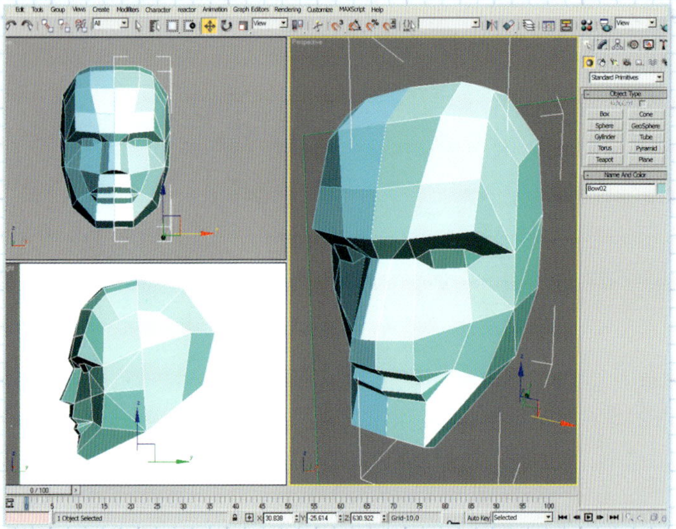

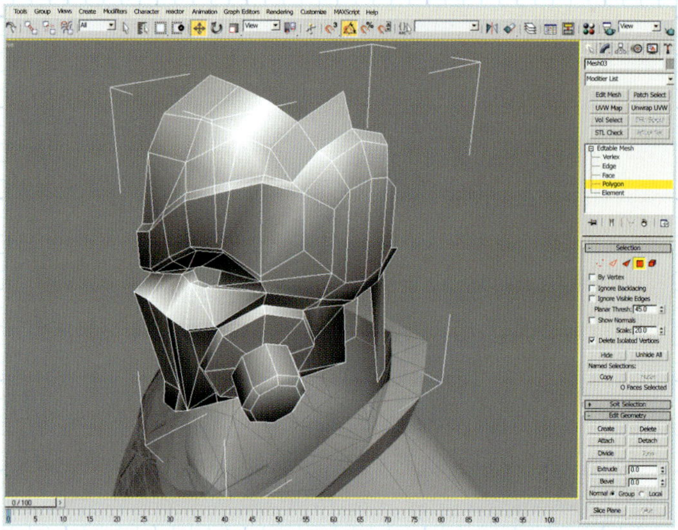

▲ **第五步：塑造头部**

模型师首先利用不同于身体塑造的技术，构造一个类似真人大小的虚拟头部（之后会被删掉）。它被用来作为头盔的参考。模型师会先塑造半个头盔模型，然后花时间确定此模型保持了设计师的最初想象。

▲ **第六步：颈部确认**

在塑造身体部分的过程中，头部会不断被用作参考图像，确保颈部的多边形建模结构能够轻松地连接到躯干上。

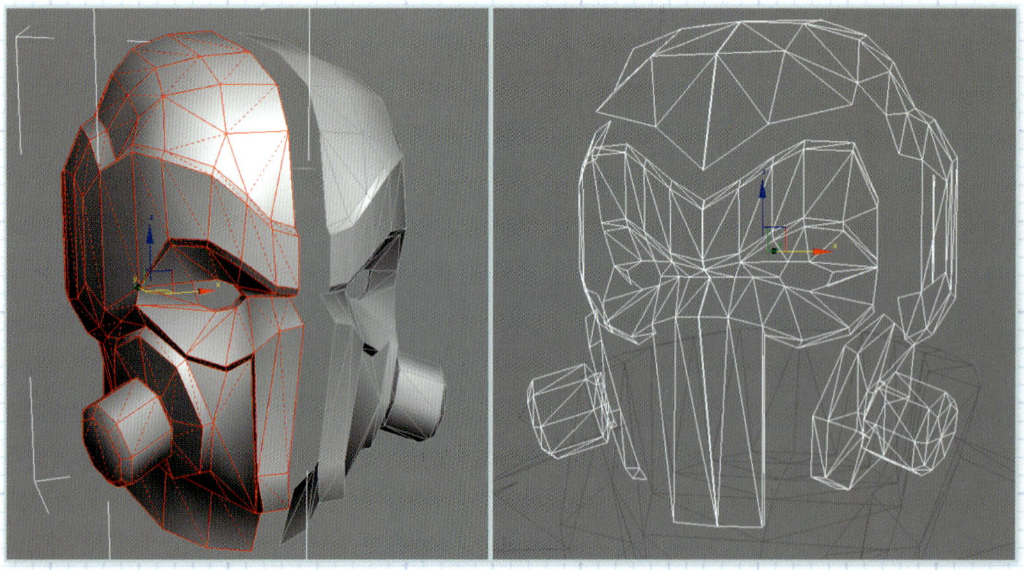

◀ **第七步：镜像**

和身体部分一样，首先构建半个头部结构，然后复制、镜像形成完整的头部模型。需要仔细检查模型网格的质量，确保其毫无偏差。

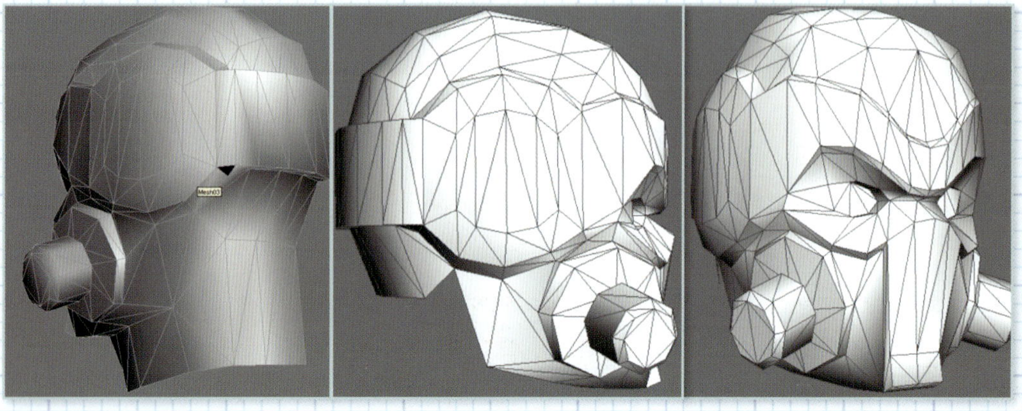

◀ **第八步：多边形数**

头部需要比身体部分更高密度的网格，因为角色的脸部结构十分重要。

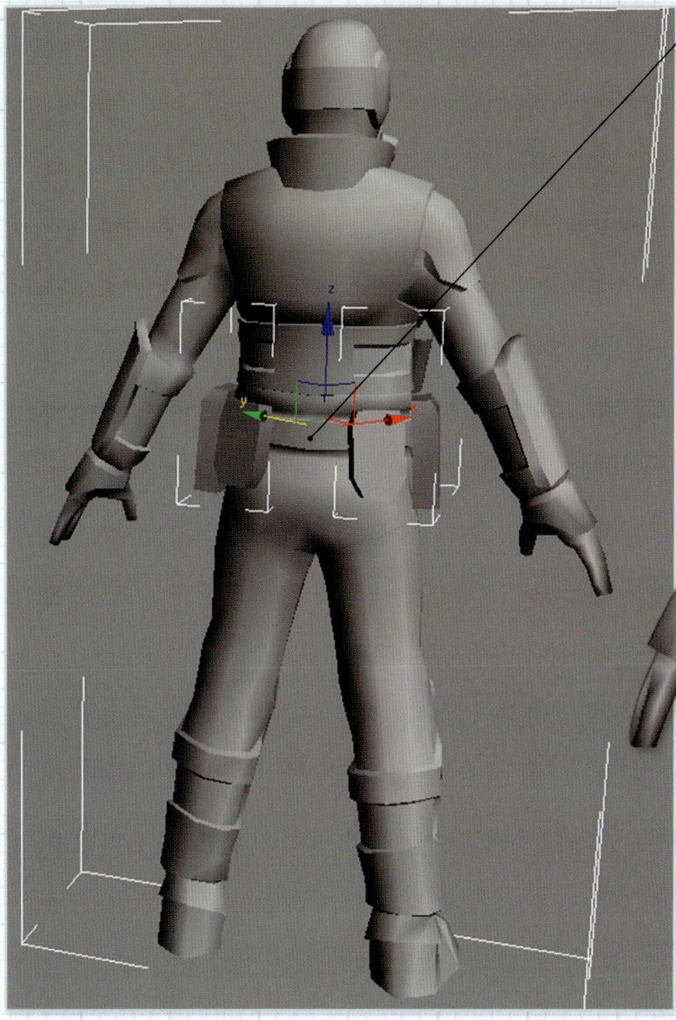

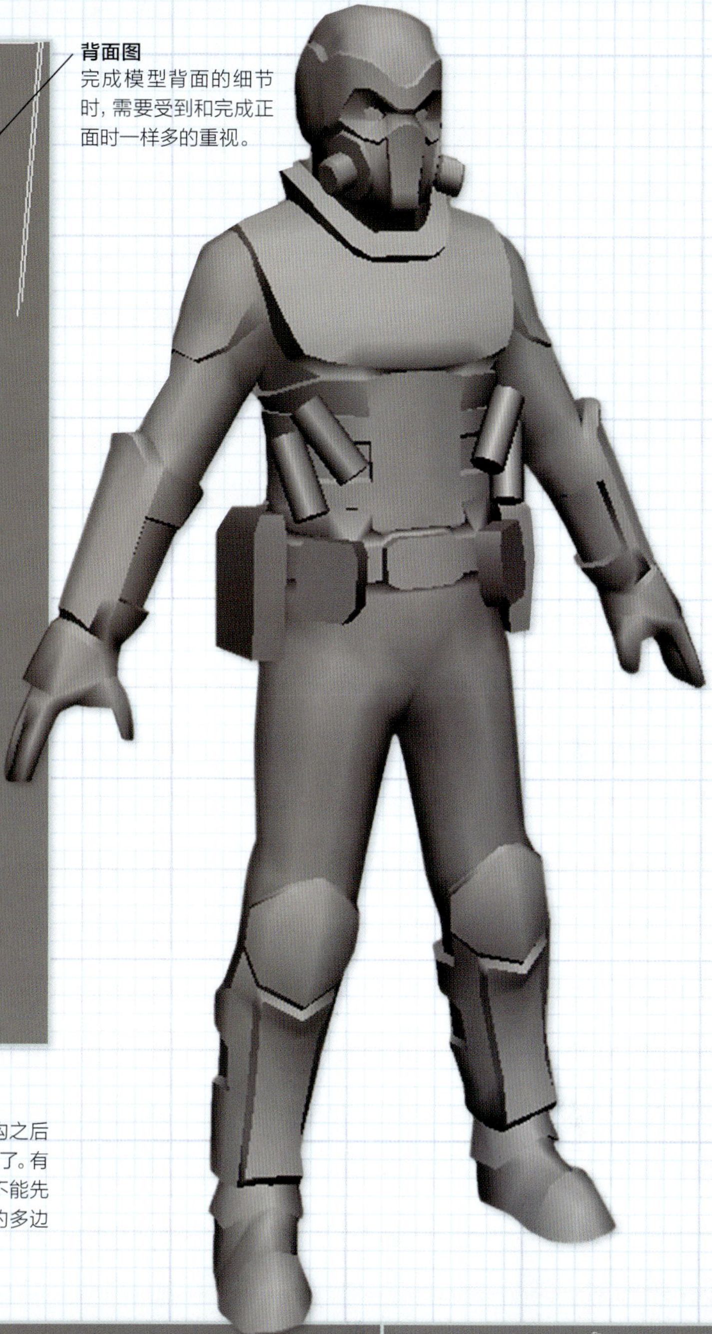

▲ 第九步：完成模型

一旦制作完成半个头部的模型，就将其镜像、连接，形成完整的头部结构之后与颈部的节点相连接。最后再统一和身体的节点相连，这样模型就完成了。有一点非常重要，需要特别注意：这个模型是和角色的衣服一起塑造的，不能先塑造人体结构，然后添加衣服。这是为了避免绘制不必要且又看不到的多边形，比如夹克的内层，使尽可能多的多边形用于表现外部细节。

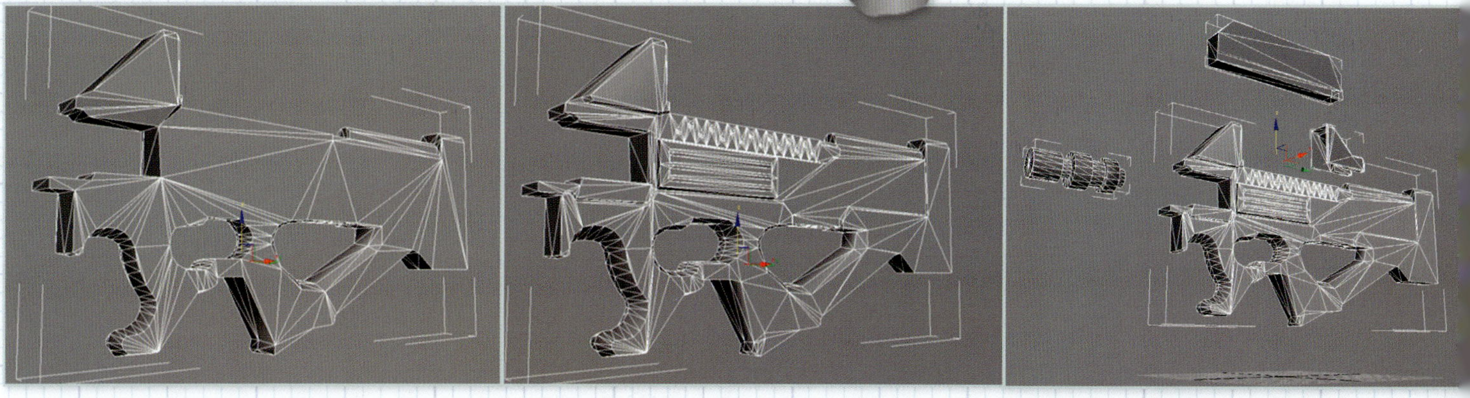

▲ 第十步：道具

该人物有件道具——枪，这也需要建模，也需要同样重视细节、多边形数和参考设计师的草图。塑造衣服，制作额外的装饰物不是角色的一部分，只有在高端动画表现衣服或头发的折痕时才需要进行制作。在有些情况下，游戏中的衣服可能会单独进行塑造。比如，可以自然移动的斗篷，也可能会对其他独立于角色的物品进行塑造，但这通常只适用于主要角色。

绑定你的角色

完成的角色模型只是一个像雕塑那样的固定体块，不能像游戏要求的那样移动。为了使其运动起来，需要在模型内部放置“骨骼”，该骨骼就像人体骨架那样，可以使模型移动。这个过程通常被称之为“绑定”。设置类人骨骼，或者说绑定，通常包含一个造型套装，它能够根据模型师的不同品位进行调整，或在造型套装中进行改造，形成属于角色自己的骨骼绑定。

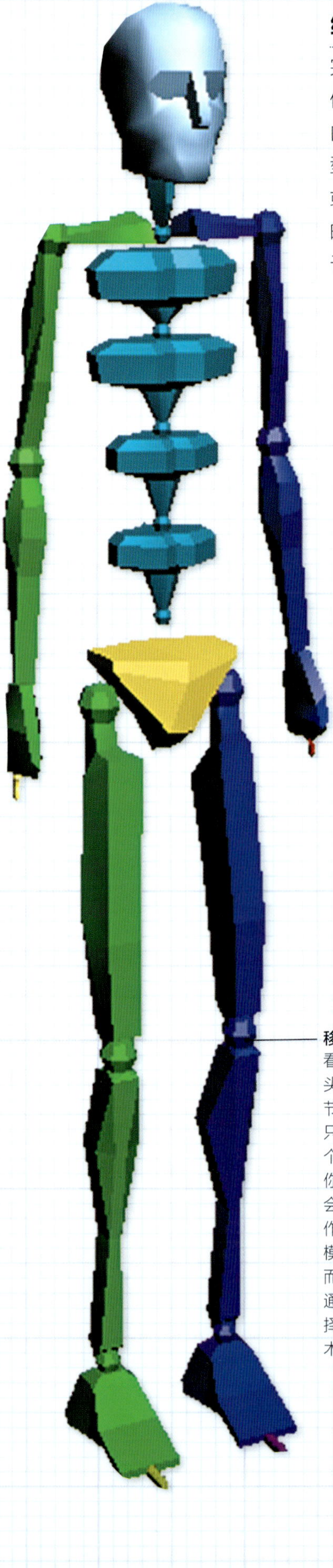

移动

看看你的胳膊——手腕（关节）、前臂（骨头）、肘部（关节）、上臂（骨头）和肩部（关节），一共有两根骨头三个关节。你的胳膊只能通过特定的方式移动，它们不能向各个方向转动，其运动方向是有限制的。如果你想要把手举过头顶，所有骨头和关节都会随之运动。这阐释了反向运动学是如何作用的。绑定是由骨头和关节组成的（使用模拟骨骼）。每根骨头都由一个关节连接，而且它们都有着不同程度的移动依赖性。通常设置额外的控制手柄会方便动画师选择、移动身体部分。你可以将其视为虚拟的木偶。

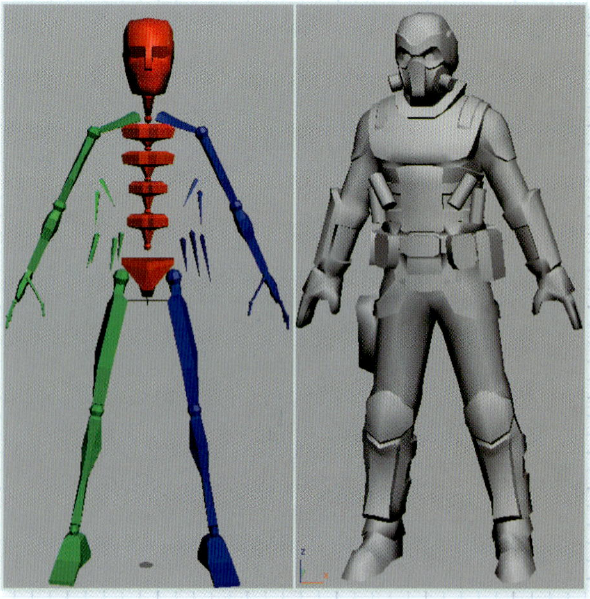

▲ 第十一步：附上装备

要绑定模型，首先要插入骨骼。骨骼可以是来自建模程序的，也可以是常规构建的。它被放置于模型里面，只有在建模程序中才可以看到。下一步骤应将模型网格的相关部分连接到装备上，这可以告诉程序当某一骨头或者关节移动时，模型应该以同样的方式移动。因此，如果你将角色的手举过头顶，胳膊的其它部分也应该随之移动，就像人的胳膊那样。（左图）装备必须放置在完成的角色模型（的右部分）中，这样角色才能运动起来。

▶ 第十二步：建立写实关节

如果你再次观察自己的胳膊，会注意到在弯曲活动肘关节时，此处的皮肤也会弯曲以适应肘关节的变化。当建立一个游戏人物角色的时候，你需要特别注意的是关节在模型上的位置以及它们的造型，这样关节才可以自然弯曲。再次声明，这里没有捷径。只有勤学苦练和积累经验，才是掌握并熟练建立真实骨节的唯一途径。

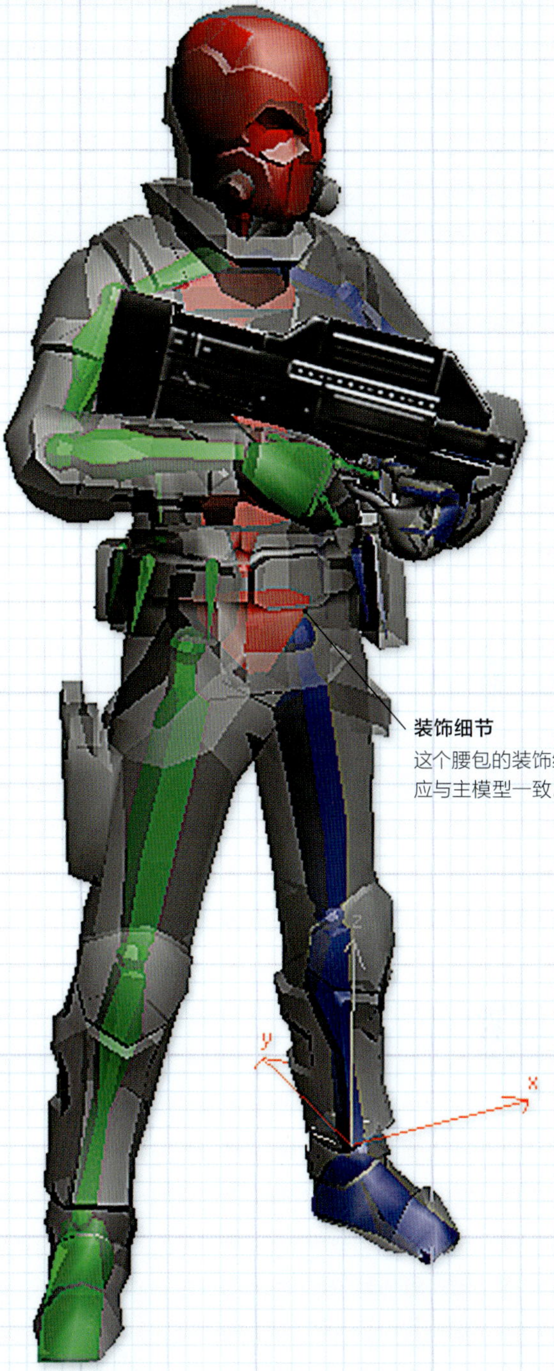

装饰细节
这个腰包的装饰细节应与主模型一致。

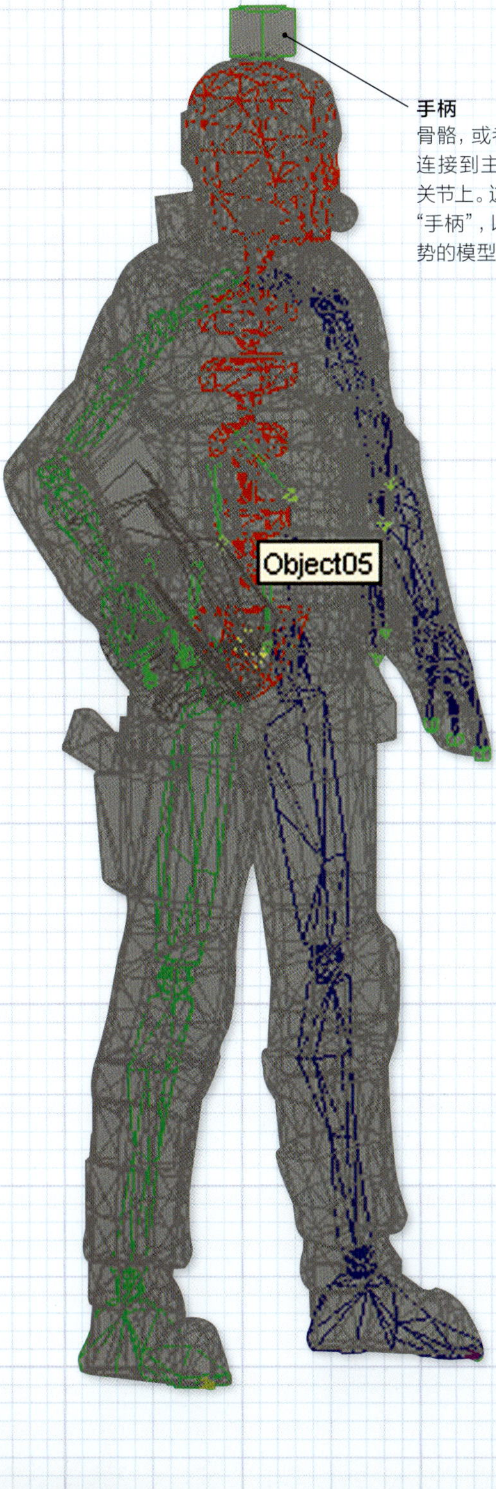

手柄
骨骼，或者绑定，都应被连接到主要模型相应的关节上。这为动画师提供“手柄”，以便摆出不同姿势的模型。

◀▲ 第十三步：目标装扮

模型的绑定不仅要适用于人物，还要适用于所有随着人物移动的物体。你或许注意到在前面士兵的装备插图中，在腰部区域有些“骨骼”，它们用于将腰包和装备与士兵的衬衫相连，以便在士兵移动时它们能够一起移动，也能使它们向现实中那样弹起。

3D材质获取与制作

材质被置于多边形线框表面，使模型最终成型。在实际中，模型会转化到屏幕上。因此在游戏中，材质应该尽量简单，使游戏尽可能运行得快且流畅。

使模型看起来真实的秘诀就在于材质的运用。在处理过程中，使用丰富的材质和简单的模型几何图更加有效。我们的眼睛容易受到欺骗，认为模型的深度和表面的细节会比实际中看到的要多。娴熟的材质制作是在游戏模型中创造真实感的关键。

什么是材质？

在游戏术语中，材质贴图指的是表现表面的二维数字图像。当使用材质图像的时候，它会被包在模型外部，使模型看上去是由该材料制作的一样。

材质的格式是什么？

一般来讲，材质是在图像软件中制作的，比如Adobe Photoshop软件。当操作时，材质通常会包含大量的信息和图层，之后被存为Photoshop文件（.psd）。当材质操作结束时，它将会被合并成为一个图层，保存为jpeg格式（.jpg）或者bitmap格式（.bmp）。大多数情况下，材质也经常被保存为targa文件（.tga）或者tiff（.tif）文件。因为这些文件格式包含Alpha通道。Alpha通道也会用于表现其他材质效果。

▶ 收集材质

表面材质就在你周围，可以使用图片或者草图对有趣或者罕见的材质做个小品集。它们可能正是你要寻找的、可以用来增加幻想环境真实性的材质。

材质渲染

材质在游戏的渲染阶段会应用于物体上。针对不同的过场动画，物体既可以选择高速渲染、实时游戏引擎渲染，或者预先渲染。以下步骤展示了武器从其概念草图到最终渲染后外观的发展过程。

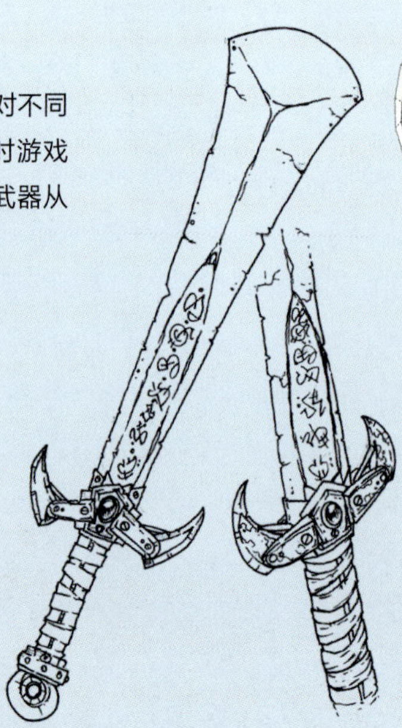

第一步

一个好的概念草图为3D模型师提供了制作武器多边形模型的基础。该草图也提供了武器的尺寸，为材质设计师制作材质贴图提供了一些视觉细节。

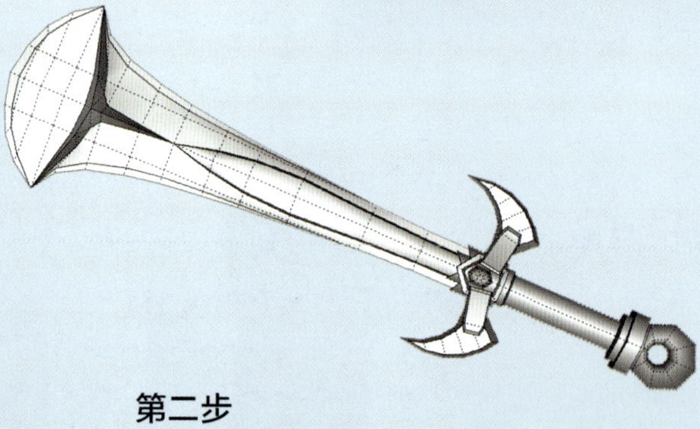

第二步

着色视图中的多边形模型能够使贴图坐标工具（Unwrap UVW Tool）在此进行操作，使材质设计师定制出表面的外观，以适应概念设计，并在软件中渲染，以增加美感。

材质来自哪里?

材质可以通过数字图像软件绘制，也可以取自图片中的真实材质。关于材质很重要的一点是，它必须和自己或者和其他另一种材质完全嵌合，不能看到两个材质之间的连接缝。这点对于来自图片的自然材质来说非常困难。通常需要使用图像编辑软件（比如Photoshop软件）花大量时间处理材质的图片，以实现它们的无缝拼接。

手工绘制的材质

大部分的图像处理软件都可以绘制材质。一旦确定了材质的大小，材质设计师就可以使用各种数字绘图工具绘制材质。这种办法的难度在于需要材质设计师有很高的水平，才能绘制出尽可能逼真的材质（如果需要加入真实的外观）。这种方式绘制的材质通常用于无生命物体或者想象中的物体。因为它们不是更加容易呈现，就是在现实中没有实物依据。

图片材质

使用数码相机从现实中记录材质非常简单。这点在呈现实际建筑物或者人物的时候尤其有用。通过照相获取材质时，很重要的一点是应该以垂直角度取像，镜头不能扭曲。否则，当编辑图像的时候，它就会看上去倾斜或者膨胀。取到合适的图像后，下一步就是使其完全嵌合。

程序材质

程序材质指的是那些通过电脑软件产生的材质。这些材质看上去很自然，但是它们完全是由电脑产生的，适合做出非常细致的、无接缝的物体外观，比如木头、金属、毛皮材质等。这些材质外观的真实性存在着争议，虽然它们看上去很真实，但是往往我们还是会感觉有些地方不太自然。毫无疑问，随着技术的进步，程序材质的外观会更加真实。

材质尺寸

根据处理工具的不同，材质图像的尺寸也会不同。通常材质是由一些正方形或者规则形状组成的，以方便拼接。材质图像的尺寸通常是以平方为单位，必须是2的幂数，比如32、64、128、256，或者512像素的正方形。跟三维模型中的多边形数一样，材质的尺寸也需要时间处理。图像越大，需要的处理就越多。如果你考虑在一个典型游戏的场景中出现数个角色、建筑和其他物体，那么这就意味着需要更多的处理时间。材质的大小依赖于处理工具——通常一个主要角色可能需要分配512×512分辨率的材质，头部或者一个突出特征可能还需要256分辨率的材质。材质设计师通常在受关注的部位，比如角色的脸部，设置额外的分辨率。“下一代”控制台和个人电脑会支持更高的图像处理，能够呈现高清图像。这意味着，在这些控制台的游戏中，不仅可以有更多的材质，还可以有更大尺寸的材质。

贴图

一旦材质制作完毕，就可以将其置于模型网格上，这被称为“贴图”。将材质置于模型表面可以使其外观的细节更加丰富，而不增加基本模型多边形的复杂性。如果物体本身很简单，只是由一

第三步

这个绘制的图像展示了UV布局，介绍了武器材质不同部分的各种细节。例如，第二步中所绘的武器尖端突出的深色的脊梁，在图中也有展出脊部的细节材质。

第四步

渲染后的武器展示了通过材质贴图过程，实现的很漂亮的无缝效果，以及武器是如何在游戏环境中出现的。

个部分组成，那么材质绘制也会非常简单。但在现实中，设计师们通常需要处理极其复杂的形状，可能需要在模型表面放置许多材质，以达到理想效果。因此，他们采用了被称之为“UV贴图”的过程，其全称为“UVW贴图”（也通常简称为“UV图”），在UVW贴图中，UVW指的是材质坐标，就像XYZ一样（但它们现在也用来指模型空间）。UV图是一个平面图像，它的点和模型表面的点相连。图像产生后，UV图可以使模型拥有真实的材质外观。

Alpha通道

在简单表面效果之外，材质还可以增加其他的视觉效果。除了红、蓝和绿之外，还可以使用第四种通道——Alpha通道，使模型的某些部分透明，产生类似窗户或者透明物体的效果。Alpha通道还可以增加反射表现，以显示物体是否有光泽度。

凹凸贴图

凹凸贴图指的是灰度材质图像。当图像渲染后，可以使用凹凸贴图以使亮的区域更亮，暗的区域更暗。这可以增加物体的三维外观，而无须绘制更多的几何网格。

法线贴图

法线贴图的工作方式和凹凸贴图类似，但它是运用颜色（红、绿和蓝，如在显示器中使用的那样）产生材质效果。法线贴图非常有效，因为高分辨率（高多边形数）模型的法线贴图能够用于低分辨率（低多边形数）模型。法线贴图广泛用于当前游戏设计中，因为它能产生非常棒的图片效果，减少处理要求。

置换贴图

置换贴图一般使用的是灰色图像作为信息通道。但是这种方式中，来自图像色调的数据实际上是被用来移动模型顶点，以创造材质效果。

顶点及像素着色器

这些方面的材质塑造和塑型对于游戏的视觉效果非常关键。着色器会影响到模型表面的最终外观表现，比如光线反射量，光线如何散开，材质、折射、阴影和其他方面的进一步效果。顶点着色器作用于模型网格的顶点，而像素着色器作用于图像中单个像素的颜色。

拼接表面材质

这次练习中，你将会制作一个普通的墙面材质，并在一个环境中将其无缝拼接。首先，拍一张标准石墙的照片（比如自己家的院墙）。注意：必须以和墙体垂直的角度取像。

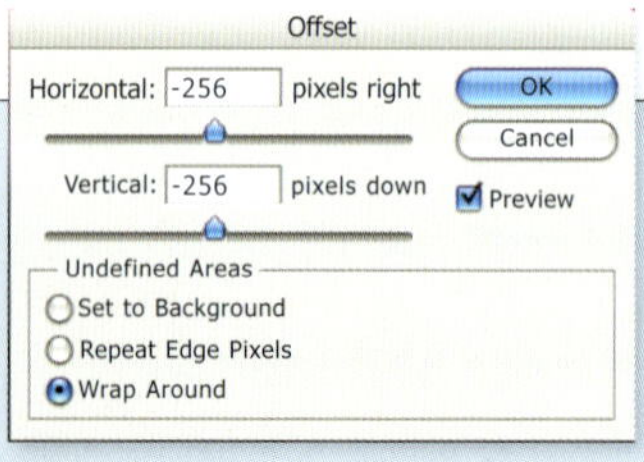

▲ 第一步

在图像处理软件中（本示例中使用的是Adobe Photoshop软件）打开图像，然后选择大概512像素的正方形。注意要选择没有明显特征的区域。检查你所选择的图像边沿在哪里，然后尽量沿着水泥线的方向预估材质拼接走向。从图像的中间部分开始选择，因为图像的边缘可能会由于相机镜头本身的原因而有一些变形。

▲ 第二步

精确选取512像素的正方形图像，对其进行修剪以确保水泥线水平。

▲ 第三步

这一步是个小窍门。在Photoshop软件中，有一个被称为“偏移”的滤镜。滤镜可以将图像分为四部分，并将各部分调换。设置滤镜，调换各个部分，留取图像的一半——256像素。当拼接时，图像的边沿就和相邻图像的对应边沿吻合了。

现在能够看到材质的连接处。因此需要仔细的数码绘图来消除这些连接处。

未来发展

随着个人电脑速度、处理能力以及控制台的发展，建立模型和材质塑造肯定会有许多新发展。顶点及像素着色器是许多游戏引擎的特点，可以通过材质塑造技术实现许多特殊的视觉效果。megatexture技术就是一种这样的发展。megatexture是由Id Software公司开发的，被用来呈现大型环境（比如室外），无须在景观中重复材质以形成可视图案。megatexture可以达到32000×32000像素的正方形（1千兆像素），通过只运用一个材质就能覆盖整个景观的多边形网格。它可以在非常大的区域内给出一个独特、细致且不重复的地形。megatexture的代码还可以有效地包含地形信息，比如环境声效和物理特性。因此，和当前使用拼接材质的技术相比，这种办法能够提供更好、更详细的画面。

最新处理工具的原始技术意味着，它们可以使用更大的拼接材质，并以高清图像的分辨率将其输出。技术上的增强可以支持更高的多边形模型，呈现更多的表面细节和材质效果，展示更丰富、更优质的图像。材质设计师的任务是继续开发新技术，在视觉上提供更加真实可信的环境。

双向思考

材质设计师会在二维UV布局中逐步设计出材质效果，但是他们必须首先理解在三维空间中构成装备模型的突起和凹陷。在二维展开时考虑三维空间，以及三维展开时考虑二维空间是非常重要的技术。

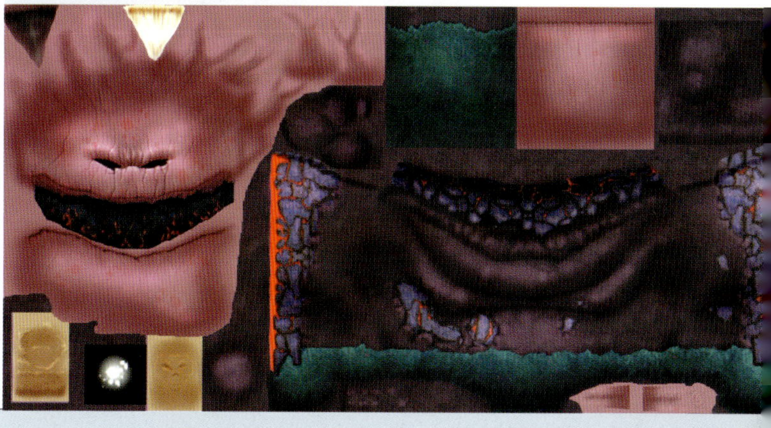

▲ 第四步

现在在图像中间有必须要移除的可视缝隙。这需要人为地从图像的其他部分选取图像，然后沿着缝隙进行覆盖。在Photoshop软件中，使用克隆工具可以从其他区域选取图像，覆盖到缝隙上，以隐藏缝隙。模糊和指尖工具也是非常有用的。

▶ 第五步

现在你已经完成了一个512像素正方形的无缝砖墙。如果你创建一个更大的画布，把材质的四个示例并排放在一起，那么它们就能够无缝嵌合了。

复杂性幻觉

右页下面的图片展示了一个逼真的、复杂的、灯光效果特别棒的仓库内部结构。这是游戏中动作发生的绝好场景，细节和环境都十分到位，每个表面都有特点被展示出来。

比较这张图和本页下面的同一内部结构的无色图片。内部有光线效果，但是墙面和集装箱都只是光滑的简单多边形。多边形使用的是默认的灰色色调，没有相关的材质表现。观察本页右侧的正方形材质，你会在右页彩图中找到这些单独的图片。材质的细节能够使人更加感受到表面的复杂性。通过将细节置于彩色材质中，我们能够减少制作场景所需的多边形的复杂性。有些材质能够嵌合，或者在表面重复，以节省更多内存。

▼ 低分辨率材质

屏幕材质属于低分辨率材质——72分辨率，和显示器或者电视屏幕一样。当通过印刷复制时，它们看上去会非常简单。但是在游戏中，当它们一起使用时，便会产生非常逼真的效果。

房梁和屋顶

墙面

地面

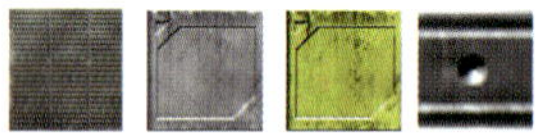

细节

货物

▲ 材质贴图

货物材质可以运用简单的贴图，使物体在场景中看上去像是货物。

▼ 准备材质

可以使用右边的一些样本，对未渲染的内部结构进行表面处理。

▶▼ 完成渲染场景

这个渲染后的场景说明了该如何使用非常简单的材质制作出非常符合环境，且看上去又非常复杂的内部结构。

03 综合运用

现在将你学到的所有技能进行综合运用。此独特的“幕后”分析由 Sony Online Entertainment 公司的专家乔·舒帕克提出。他将一个众所周知的，受到大家普遍喜爱的虚构人物从初始的模糊影像最终变得清晰化。

从概念到数字化模型

这款幻想类游戏——《无尽的任务 II》，包含了一些不可思议的人物，需要游戏玩家去战胜。每一个人物都是由多名设计师构思创造的。从概念到最终的游戏模型，在这一过程中，传统艺术技巧、3D建模、材质贴图、装备和动画制作是使这些人物焕发活力的关键技巧。

第一阶段：人物概念化

所有内容都是从游戏设计师的描述开始。设计师的描述界定了人物的一些基本特征，但也会给其他设计师留下创作的空间。概念设计师和游戏设计师共同致力于设计工作，直至形成的概念满足游戏设计师要求的功能和概念设计师的想象力。下为概念设计师对创作的人物勒恩·特厄（Roehn Theer）的设计描述。“上帝的守卫勒恩·特厄受命无尽的任务中，维护正义和邪恶力量的平衡。他应该是一个身躯庞大，且带翅膀的人物，令人惧怕。他可以在陆地、天空甚至在狭窄空隙中施展技艺。他使用两把威力无比的剑，以邪恶或正义的形式出现。”

◀ 使用绘图

概念设计师会迅速探索出角色造型的可能性，并与设计师和艺术总监讨论。在初步讨论中，我们认定特厄应该和蜥蜴类似，所以概念设计师在此方向尝试了几种形象。这个德克萨斯带角的蜥蜴为创作其面部细节带来了启示，同时我们认为两条腿的姿势代表智慧。

第二阶段：概念定型

初始概念设计阶段结束，设计师对人物构成、面部表情和本书其他概念化的部分探索完成后，概念设计师会开始创作人物的进化版本，模型师和材质设计师也会把此版本当作创作游戏的指导。

概念一：邪恶的特厄

一旦设计师、艺术总监和首席设计师讨论并通过了绘图概念，设计师便会开始创作特厄。设计师喜欢以邪恶版的人物开始，然后再修改某些细节，创作出一个正义版本。

第一步

在Photoshop软件中使用数位板（直接在屏幕上使用压感笔画图）创作设计师可以确定了邪恶版特厄的最终造型。设计师以灰度图像开始，过早使用颜色会干扰明暗分布的确定。

第二步

现在他创作了一个进化的版本，使用光效有助于表达心情。在这种情况下，设计师展示了人物从黑暗走向光明，同时又带有一份“沉重”感的状态。角色庞大的上身令人生畏。

第三步

现制作最终的彩色版，参照左边的调色板样本，可以使设计师控制颜色在所需的范围内。最后添加细节和高光。在前景中添加一些人物，可以增强三维场景的立体感。

概念二：正义版特厄

第一个概念完成后，设计师开始创作角色的正义版。

第一步

设计师决定对正义版特厄的头部增加额外细节。此细节在Photoshop软件中使用灰度图来实现。当概念图送到模型师处时，模型师可以自行细化某些细节。但同时得参照灰度和彩色概念图像，使人物和总体描述一致。

第二步

设计师尝试使用不同的颜色以和邪恶版的人物分开。在和艺术总监商议后，决定邪恶版的特厄应带有火焰和炽热的效果。为了和邪恶版区分，正义版应为冷色，如绿色。另外，正义版的肤色也应更浅些，和邪恶版的深肤色形成鲜明对比。

第三步

概念设计师和艺术总监在审核了工作进程后，决定最终概念采用浅色。为了实现此效果，第二步中的绿色版本当做底纹效果，同时极浅的肤色也能使底纹效果显示出来。

第四步

在最终版本中，设计师还添加了额外的细节和一些期望的发光效果。因为艺术总监和首席设计师认为发光效果可以更好地“装扮”这个角色，增强视觉吸引力。这时的作品可以传递给模型师和材质设计师了。

第三阶段：数字建模

市面上有许多可供选择的立体建模软件。《无尽的任务II》使用的是Autodesk公司的Maya软件，概念图作为这个角色三维版本的指导。不过在这个阶段它还只是一个灰色调的模型。这个模型或“三维多边形模型”是运用多边形模型创建的，这样当它行动的时候才能够保持自身形状的一致性。只需要足够的多边形就可以保持形状和轮廓。系统处理能力对显示和驱动模型非常重要，因此多边形的使用应该尽量高效。关于数字建模的更多信息请参考第60~65页。

三维多边形模型

这里，模型师使用了Maya软件。模型师除了频繁参考原画设计师的概念图外，还有机会从各个角度加入适合的形态，只要忠实于概念图的主要特质即可。特厄现在存在于三维环境中了。

第四阶段：添加材质

创建的各个主要阶段都需要团队的艺术总监审核，以确保作品的质量和技术达到标准，并忠实于概念图。阴影的创建有助于模型展现以下特征：彩色材质、反光效果以及丰富的分层视觉效果。阴影的创建由多个材质元素组成。特厄的这幅作品使用了三种贴图方法：彩色贴图、高光贴图和法线贴图。请翻至第66页了解更多关于3D材质的内容。

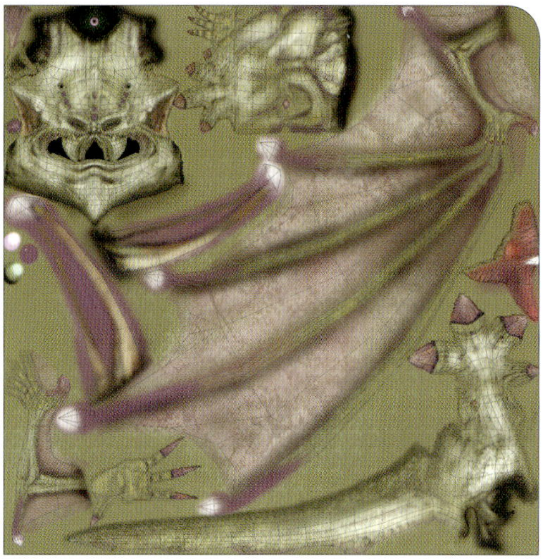

彩色贴图

材质上的像素必须覆盖在模型网格上。网格按照软件规定的模式在二维平面中展开。展开后图像上的三角形可以均匀地着色，然后再将图像重新恢复至网格上。上图展示的彩色材质贴图使用了Photoshop软件上色，呈现出了角色的基本造型。

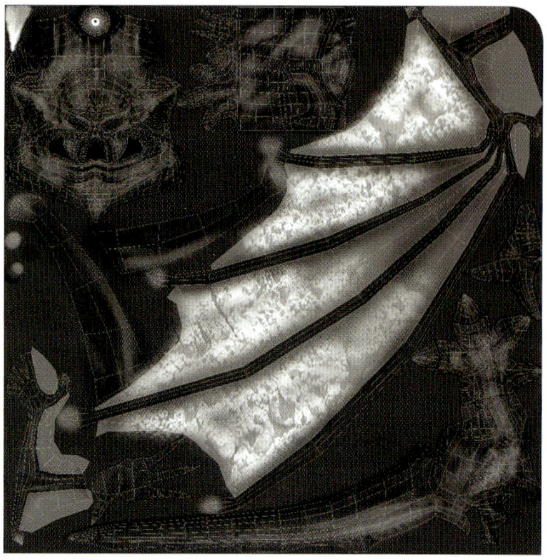

高光贴图

高光贴图也需要创建。这个贴图决定了角色表面的光亮度。贴图上的黑色区域会显得呆板，贴图上的光照区域会显得富有光泽。在上图中，角色翅膀的内侧膜会显得比身体部分亮一些。

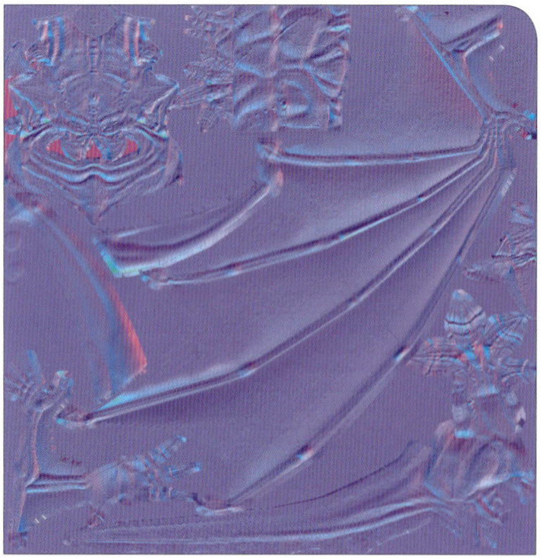

法线贴图

本图像应用的第三种方法就是法线贴图。模型上的每一个像素都会接收光线。这个贴图决定了个体像素在游戏中根据光源的情况接收光线的数量，它营造出了层次感和额外的几何细节。

细节丰富的多边形模型

法线贴图可以使用高细节建模软件ZBrush创建。这个软件会使设计师创造出难以置信的丰富细节，甚至是游戏中多到无法渲染的三维几何形体。而且ZBrush软件还拥有可以通过高细节造型衍生出法线贴图的功能。

材质处理后的角色

右图展示了运用不同材质处理两种版本——善良和邪恶的特厄。这两个角色看起来虽然差别较大，却能使玩家明白这是同一角色的两个面貌。色彩元素（概念化阶段）和建模细节的调整衍生出同一副“骨骼”和相同动作设定下的迥异模样。

第五阶段：蒙皮与绑定

现在模型已经成型，而且材质处理也已经完成。一套骨骼和动作控制已经创建，材质处理过的模型也已经绑定在骨骼上了。创建这套控制结构就叫做“绑定”。最终的成果是一个可以由动画师操控全部角色动作的模型。

▶ 第一步

一套最终模型的骨骼已经创建完毕。每一个小圆圈都是关节的旋转点。模型只能够在这些地方弯曲，然而弯曲度是可以设定的。就像多边形和材质一样，关节越多，动起来所需要的处理能力就要越强。

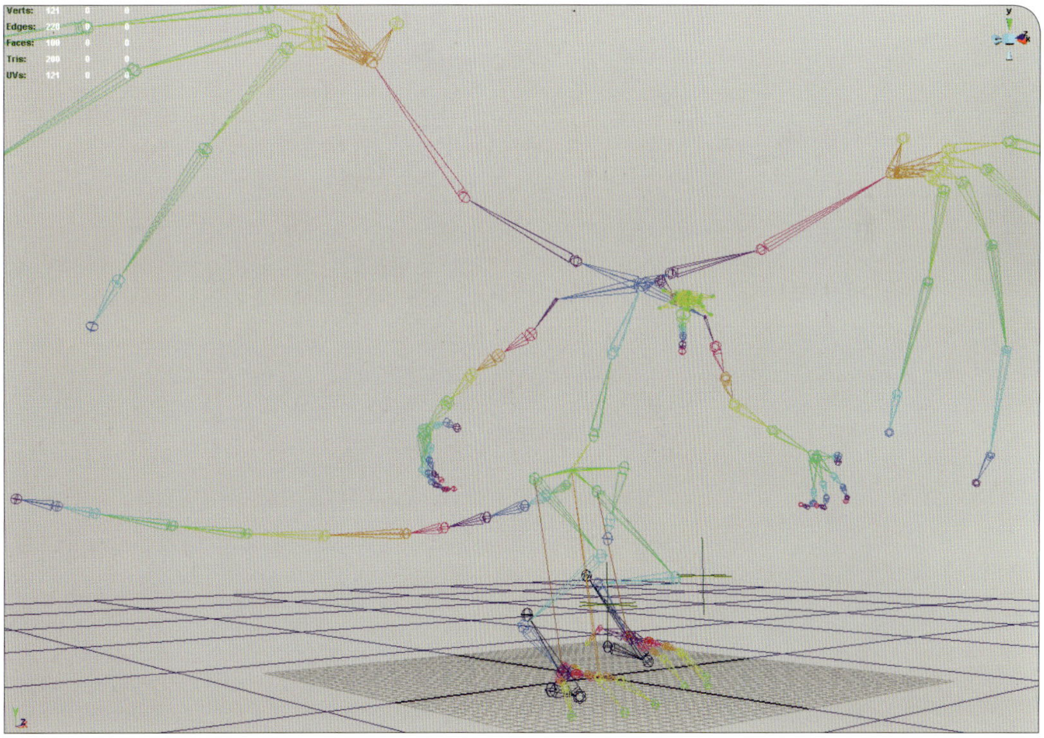

▼ 第二步

现在，经过尺寸调整的整套骨骼已经放置在模型中了，与多边形模型相关联。这个步骤叫做“蒙皮”或“权重”。为游戏创建骨骼和绑定是一个细致的过程：你需要使用刚刚好的骨头数量，逼真地驱动这个角色。

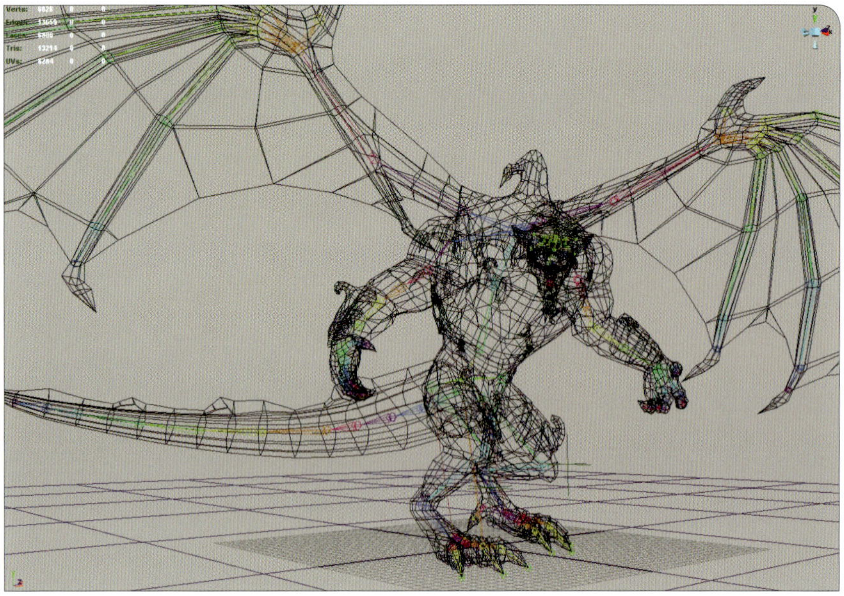

▶ 模型完成

一旦所有的步骤都完成了，这个模型就会从开发软件转移到游戏场景之中。结合壮观的场景、游戏光线、音乐、声效和视觉效果，它变成了玩家们可怕的对手。印刷在《无尽的任务II：守卫的使命》游戏包装盒上的善良和邪恶版本的特厄是这一游戏的特色。你可以在www.everquest2.station.sony.com网站了解更多细节。玩游戏时，请留意数目众多的玩家种族和生物，正是因为这些才使得此款游戏获得了令人信服的“大型多人幻想类网游”的称号。注意不同种类的生物是如何遍布游戏的不同区域的。看看你是否能够辨认出哪些外表完全不同的生物使用了相同的动作设定。在现有生物基础上不断推陈出新，使得这类游戏保持了新鲜感和可玩性。

04 画集

参观美术馆和艺术博物馆也常常会获得灵感。本章呈现给大家的是游戏行业内最有天赋的设计师们的作品。这些作品可能会为你正在创作的杰作提供所需的灵感刺激。

勇士与武器

▶ 禁区（Forbidden Zone）

[达里尔·曼德雷可（Daryl Mandryk）创作]

这个可快速移动的机动角色需要一个符合他个性的武器。而这个高发射速度的双乌兹（Uzis）枪看起来是个不错的选择。至于角色设计，源于生活的绘画和着色是最好的训练。一旦解决了基础的人物结构，你就可以尽情发挥想象力了。

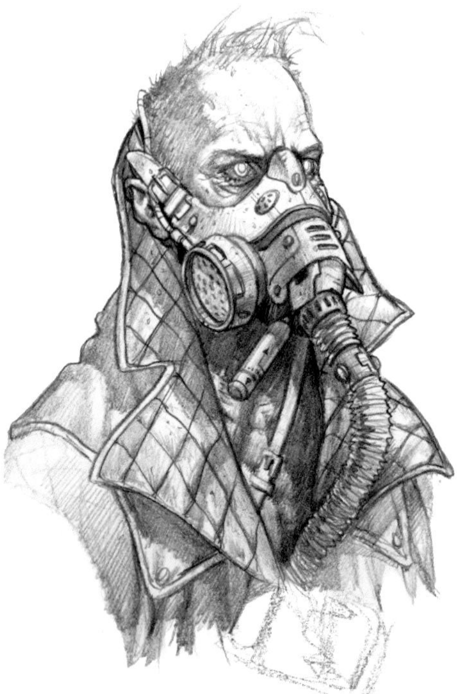

▲ 后启示录（Post-Apocalyptic）

[格兰特·希勒（Grant Hiller）创作]

头部概念的设计是这个《后启示录》游戏角色的起点，其余的服装设计都源于最初的原画素描。武器的添加应该能够展现一些关于角色本身，以及他所来自的世界的信息。在本例中，角色生活在一个资源有限的世界，所以那里的居民必须找到垃圾的其他用途。这个角色有一个旧的温彻斯特式（Winchester-style）步枪，因为他不想离敌人太近，他更喜欢从远处干掉敌人。所以他不得不修理这支步枪，并将一把旧匕首固定在步枪前端当成矛来使用。

▲ **战士（Soldiers）**

（格兰特·希勒创作）

研究盔甲和武器设计的新技术是一个寻找灵感的有效方式，而且会增加概念设计的可信度。项目要求为Day 1工作室创作一支具有未来感的军队，设计师认为角色应该能立刻被认出是名战士。希勒利用他的研究，试着去了解未来战士所需要的服装该如何发挥作用，并且通过探索各种不同的可能性，创作了很多不同的战士造型。

顶级战士（Apex Soldier）

（J.P. 塔吉特创作）

这名装备精良的部落战士隶属于一个帮派或者部队。他肩甲上的标志是数字读取的信息，而且会随着他等级的变化而变化。由于敌人的野蛮，这名战士存活率很低。为电脑游戏设计人物时，功能性是一个关键的考虑点。而做电影的动画就不同了，你可以利用很多视觉特效（VFX）来掩饰设计上的缺陷。但在游戏中，这并不容易实现。

▲ 实在想念她（Just Missed Her）

[丹尼尔·卡布科（Daniel Cabuco）创作]

Crystal Dynamics公司的这个意在销售《古墓丽影》的关键艺术作品的摘要，将会创作一系列的图像来展现重新设计的劳拉·克罗夫特（Lara Croft）和新的游戏。这件作品需要产生尖叫的效果，所以设计师们通过头脑风暴集合了各种各样的想法，并且与系列创作家以及PS2（PlayStation 2）公司的艺术总监合作得出了最终造型。劳拉·克罗夫特，勇敢的探索者和冒险家，只是曾经发现了“一点儿不寻常”。在这种情况下，劳拉与几个引进了重型武器的坏蛋发生枪战，并被迫跳出了火箭运行路线。劳拉的形象是在Maya软件中进行设计的，然后在Painter和Photoshop软件中涂绘。这个作品比单纯的三维渲染更有趣，也更具有动态特性，同时也实现了设计角色的目的——让玩家对此项目感到兴奋。

▶ 注定失败的人（One Must Fall）

（达里尔·曼德雷克创作）

为绘制的角色设定与之抗衡的怪人可以很好地营造戏剧效果。设计师开始以非常自由、简略的想法绘制角色，然后通过添加颜色和材质，必要的时候还需精练或者简化来丰富图像。考虑什么方法起作用、什么方法不起作用，这一点很重要，还应确保你平衡了绘画中的所有元素，使其成为一个统一的、紧密结合的整体。

▲ 赤手空拳（Unarmed）
（达里尔·曼德雷克创作）

曼德雷克从脑海中后启示录游戏的未来世界中提取出这个角色。他常常坐在那里幻想宇宙。他的作品中总是有很多处修改，小到重新绘制一些细节，大到修改整个角色的姿势。

◀ 叛徒（Renegade）
（达里尔·曼德雷克创作）

将角色置于敌对的环境中，玩家会对其产生一种同情心，并且传达出角色刚强的个性——他们可以控制住自己——这会使角色成为幻想游戏中玩家喜欢的那种角色。

幻想类角色

▲ 幻想中的生物
（Arachnid Queen）
（丹尼尔·卡布科创作）

这个角色由The Collective公司开发，并成为了XBOX和PC游戏《吸血鬼猎人巴菲》中的特色。这件作品是从一个可以引诱，并杀害桑尼维尔市足球队员的蜘蛛女的简介中而产生的。卡布科以研究各种各样的蜘蛛开始，并以观看鬼片来寻找灵感。创作了几幅草稿之后，首席设计师批准了这个设计。像这样极好的概念设计应该能引导，并激发三维设计师们的想象力。玩家也应该会对它的栩栩如生而感到兴奋。

▲ 恐怖怪兽Roughs（Horror Monster Roughs）

[李·佩蒂（Lee Petty）创作]

这两个类人怪兽的设计产生于Crystal Dynamics公司的前期制作期间。这些角色是通过一系列素描手绘，在Photoshop软件中完成的。

▼ 深穴中的毒蛇（Deep Cave Serpent）

（丹尼尔·卡布科创作）

这个概念是应Eidos公司要求，根据一个水下怪兽的简介而创作的。设计师选择将海鳗、虎鱼和洞穴鱼混合，完成眼睛和着色部分。卡布科做了很多调查，观察了各种各样的深穴动物。虎鱼在受到威胁时会突然发怒，所以设计师利用这点告诉玩家什么时候躲避，什么时候掩护。在设计中，角色的多边形模型限制的问题在游戏中还没有解决。因此卡布科将多边形模型主要用在头部结构上，让它看起来尽可能的生动，尾巴和身体部分仅仅是作为装饰而呈现。

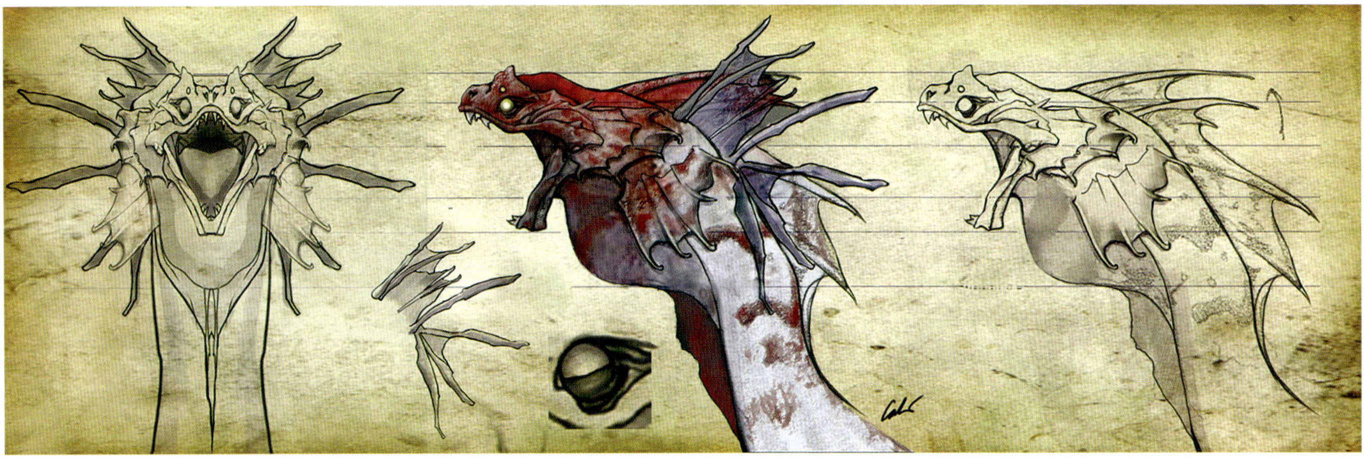

▲▼ Flare Gasher（J.P.塔吉特创作）

此设计是为大型多人在线角色扮演游戏而创作的。在异形星球土生土长的Flare Gasher在这个世界自由漫步，而且非常危险。它有一个产氢腺体。当被喉咙里的器官产生的火花点燃时，它会喷出炽热的火焰，与火龙无异。下面的原始缩略图显示了Gasher的角色类型。它的皮肤必须坚硬而且防火，身体还长着鳍状的骨头。这些特征对于设计是必要的，但是其他的任何特征都是共同讨论出来的，所以塔吉特有合理的自由空间进行创作。最后客户选择了右边第一个设计。

▶▼气态氧履行者（Gax Dis-charger）（J.P.塔吉特创作）

虽然这个角色看起来像半人马，但是它实际上是外星物种。设计师首先创作了彩色原画，然后才完成了模型制作。从这幅高细节的彩色原画中，设计师创作出下面几张类似的模型设计图（或者正投影）。模型设计图对模型师来说很重要。在本例中，设计概念是在美国完成的，然后发送到中国完成建模，因此为了获得忠实于原设计的准确模型，创作如此详细的图像作品集是必要的。

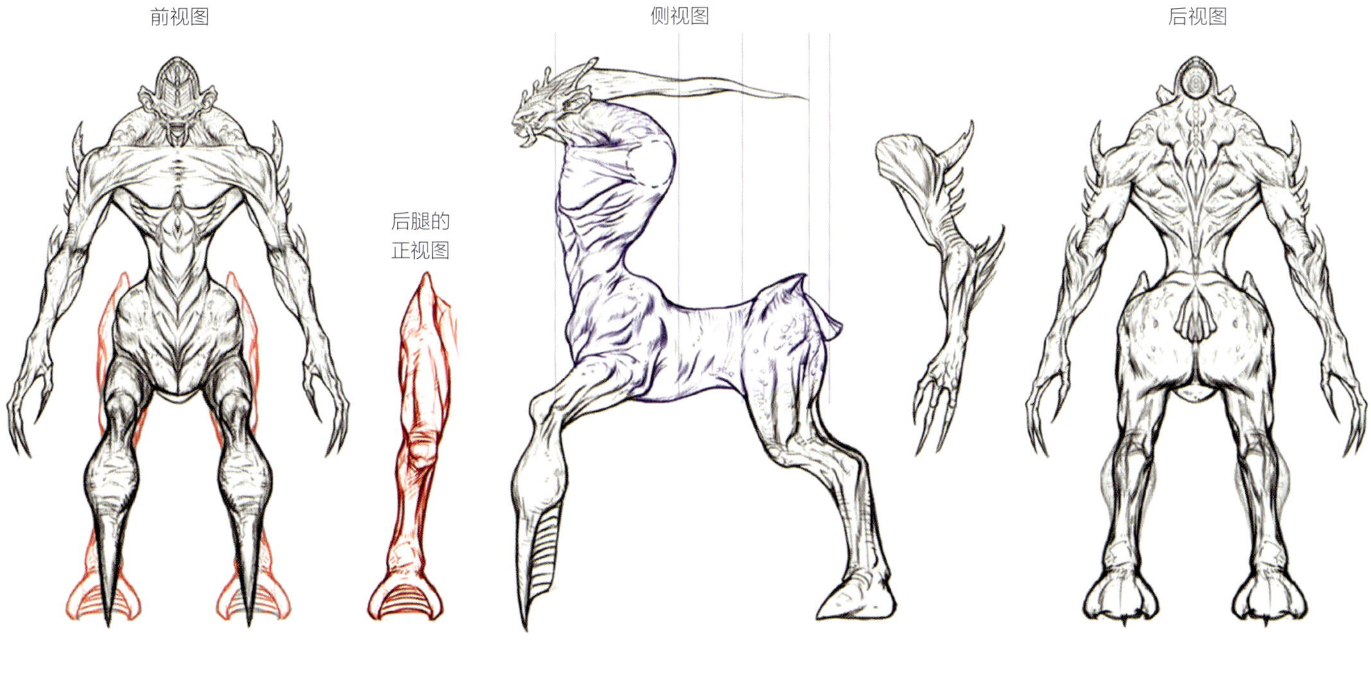

▲ 邪恶巫师（Dark Shaman）

（格兰特·希勒创作）

设计师对于黑暗幻想的热爱，启发他创作了这幅作品。这幅作品描述了一个黑暗的巫师，被它恶毒思想的纯粹力量塑造得有血有肉。最初的钢笔原画经扫描之后在Photoshop软件中进一步修饰，实现了用形态和光线为作品营造合适的气氛。巫师保持一种轻灵的特性很重要，因为他来自于一个由他自己所建立的、朦胧的地方。

▶Bone Reader

（达里尔·曼德雷克）

这幅惊人的图像是在Photoshop软件中绘制完成的。它描述了一个玩家可能想找到帮助他们进行探索的原型人物——作为一定代价的回报，它会提供关键信息。它的肢体看起来一半像昆虫，一半像机器，使观众产生一种不安的感觉。

▲ **Pentaclypse**

[凯雷姆·拜提(Kerem Beyit)创作]

本场景中的场面源自大胆的构图。主人公是作品的中心，在此焦点之外的所有东西都对它做出相应的反应（战士，飞扬的尘土，甚至是周围的植物）。将人类置于一个有庞大体积，又位于画面中心位置的邪恶角色的前方，会挑战观者的比例感受。这是本书中最老的伎俩。

▲ **Cheldrak**

[迈克尔·科马尔科(Michael Komarck)创作]

这个为《诺拉斯传奇》(Legends of Norrath)所绘制的生物，是中国龙和巨龟的结合。设计师选用冷色和中色的颜料来传达地下气候的寒冷。由于没有任何人类图像作参照，设计师对水流和墙上石头大小的刻画很重视，以确保它们使这个生物看起来很巨大。在本例中，扑的姿势显示出这个怪兽无疑是个坏脾气。

色彩与光线

▼ 第13号风景素描（Landscape Sketch No.13）

（格兰特·希勒创作）

Day 1工作室发布的这个简介目的在于在二维空间中探索恶劣环境的设计概念。设计师以在纸上用铅笔或钢笔做风景缩略图为开始，探索有趣的形状和构图。跟本简介关联最大的那些可变成快速数字速写草图。本阶段的黑白色创作，使希勒更关注气氛、构图、形式和景深。对于这种类型的视觉头脑风暴，更不需要考虑色彩。此处的目的是建立良好的取值范围，确保形式良好的可读性。如果艺术总监肯定了其中的一个素描，设计师便可以继续完成更多细节的色彩概念图。

▶ 噩梦学院（Nightmare Academy）

（J.P.塔吉特创作）

设计师利用光线增加了这幅作品中细致又丰富的焦点区域。光线可以改变任何场景的氛围。这是关卡设计师和灯光师用来确立游戏关卡最强大的工具之一，但是一切应从设计概念图出发。色彩是另一个极好的特征。随着现在的游戏技术不断提高，更高的分辨率输出成为标准，所以设计概念的色彩表现对于你向客户传达想法来说至关重要。

失落的城市

▲ E3城堡（Castle E3）

（J.P.塔吉特创作）

在这幅图片中，富饶的文明古城宏伟生动，非常逼真。为一个失落的文明或者城市寻找参照物有时是一件很困难的事情。你的大部分作品都是从草稿中想象而来。建筑必须按照“高度文明的辉煌”或者“骄傲民族的衰败”这样的主题建造。你的建筑必须讲述着这样的故事。如果你想使一个人口集中的城市看起来古老或者坚韧，就需要给场景加入一种历史感。这会使观众感觉就像是走了很远，终于发现了他们自己遗失的文明。

◀ Sanctuary

（J.P.塔吉特创作）

“Sanctuary是一个不容易达到的地方。就像阿瓦隆（Avalon），这座寺庙只出现在黎明的薄雾中。它隐蔽在另一个世界的小岛上，是一个安宁平静的地方。只有在它的宗教里那些享有特权的虔诚教徒才被允许。”这样的描述或多或少正是客户想要的。作为一个设计师，你会受到上面这样的想法或者文章的挑战。但是创作一个失落的城市并不像它看起来的那样容易。你会经常需要在得到合适的作品之前创作很多草稿。话虽如此，但当你将正确的元素组合到场景时，结果还是很令人满意的。从周围的水域到小树，以及由洞口散发出的天迹光芒都融合在一起。

▲ 喧闹的邻居（Noisy Neighbors）

[保罗·伯恩（Paul Bourne）创作]

伯恩的这幅都市风景想要表现出幽闭且工业化的感觉。他通过简单的形状粗略地画出大块区域，开始进行概念化设计，直至对构图满意。然后他开始加入一些细节，从前景开始向后逐一添加，还要注意这些细节是怎样融入背景中的。通过运用前缩透视法给都市风景增加了景深，但是随着伯恩工作的深入，还要使模型的多边形数减少。大多数的基本模型是在Carrara和Zbrush软件中完成的，而布局和渲染是在Bryce软件中完成的，后期制作则是在Photoshop软件中完成的。

▼海滨地产（Waterfront Property）
（保罗·伯恩创作）

这广阔而且不断延伸的城市风景仅仅由混凝土、玻璃和钢架组成。伯恩从一些城市规划的构图素描图入手。当他对布局设计感到满意的时候，就会在Bryce软件中复制该素描图，并且将有大穹顶的建筑物放入同一平面上。这些穹顶之后就会成为他建造城市剩余部分的指导。试着用一些你可以在周围移动和交换的小元素，建造复杂的都市风景。这会给你的构图提供自由的创作空间。

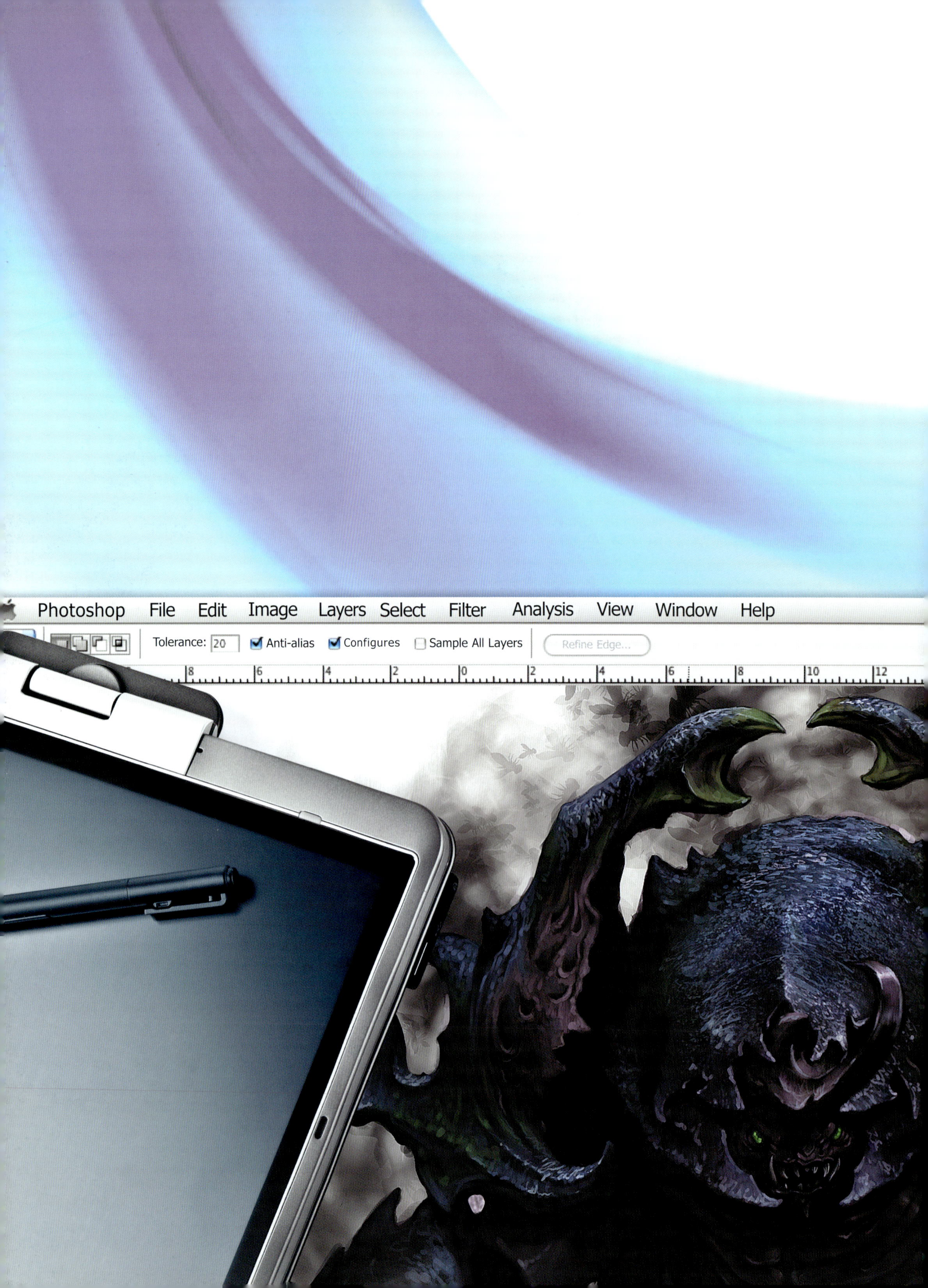
Photoshop File Edit Image Layers Select Filter Analysis View Window Help
Tolerance: 20 Anti-alias Configures Sample All Layers
Refine Edge...

05 数字设计工具包

由于几乎所有传统媒体制作的内容均可通过数字媒体进行绘制，因此对你而言，拥有良好的工作环境和装备至关重要。此章涵盖了从铅笔、钢笔到绘图板，以及基于软件的所有内容。

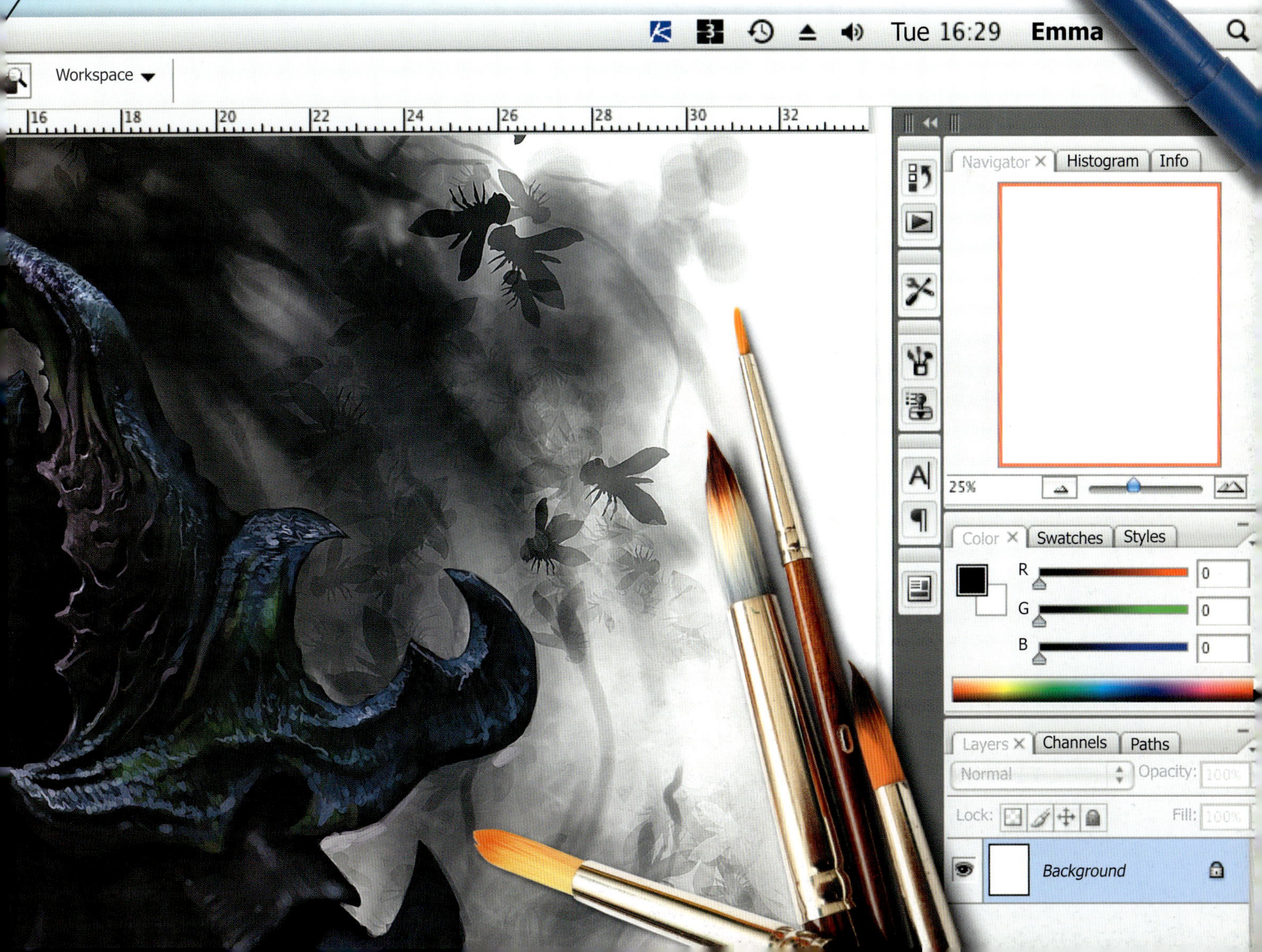

铅笔

所有传统媒体都可通过数字软件来绘制。并且当下大多数游戏设计师也习惯用电脑来完成工作。但你远行或实地考察时，看似过时的铅笔则是你的最佳选择。

关于铅笔

铅笔的铅芯由石墨制成。这种碳的软质晶体中混有粘土，并在窑炉中烧制而成。铅芯中石墨含量越高，其笔触就会越黑越软。但如果粘土含量较高，其笔触就会较浅。铅芯外包裹着木头，一般是雪松木，笔身一侧标有分级的数字和字母。B表示黑度，即石墨含量；H表示硬度，即粘土含量高。数字越大，表示铅笔越软或越硬。其中最大的数字是9B，表示极软。

炭精棒

炭精棒的形状像是没有木头包裹的粗铅笔，同样也是有分级的：2B是通用的平均硬度。为了保持使用干净，有些炭精棒外会涂漆。因此如果你想使线条变粗，便可以刮去这层漆，将铝箔包裹在无涂层的炭精棒外面。分级的铅芯可用于工艺作图，或制作自动铅笔。办公铅笔的分级通常是HB或B，而那黑色记号笔也可以用于绘图。我们可以用锋利的手工刀把铅笔笔尖削尖，也可以用柔软的白色橡皮将它们的痕迹擦掉，而且还不会磨损纸张。

创建色调与材质

线条可以进行阴影线和交叉阴影线的处理，以实现改变区域密度。根据笔尖压力的大小，色调区域可进行涂写以及加暗或加亮处理。表现效果是无穷无尽的，但是在此我们会列举一些关键的效果案例。所有标记均可通过数字软件如Photoshop软件进行复制，而且Corel Painter软件尤其擅长复制铅笔效果。

用均匀笔触创建差异最小的色调，需保持一定的用笔力度绘制。

用粗线条笔触表达较宽松的渲染风格，或表示较粗糙的表面。

用软铅笔改变用笔力度，力度越大，色调就会越暗。

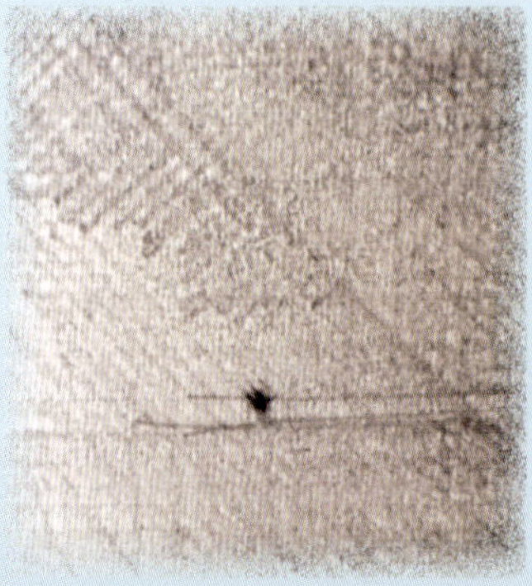

用笔尖号为2B~4B的铅笔通过快速交叉影线创建色调，同时通过色调创建材质。

用橡皮形成较柔和的色调值，创建材质效果或突出高光位。

用混合擦笔使色调均匀，但需适度使用。因为擦笔易造成不必要的石墨凝结，使你难以在过度擦涂的区域上面继续作画。

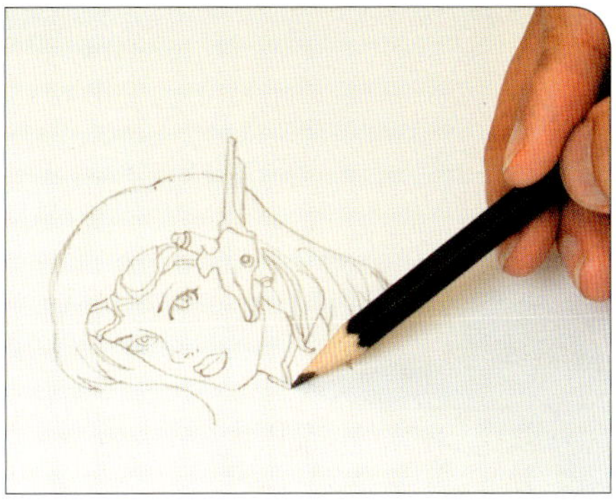

第一步

使用HB或B型中等硬度的铅笔来开始绘制铅笔稿。保证用笔力度适中且一致，尽量让线条粗细一样。力度太大会让纸的划伤太深，不利于后面的明暗处理。

第二步

从上往下绘制，如果绘制时手越过图画，注意不要抹到画面。因为这样会弄脏和模糊了素描草图。慢慢来，轻轻地画，画错的地方也可以用橡皮改正。

第三步

完成初步的线稿后，加深那些较弱的地方。注意线条的一致性、粗细度和整体性。所有的部分都需要协调、理解。在游戏制作的这个阶段，一定不要犹豫擦除和修改不妥的地方。

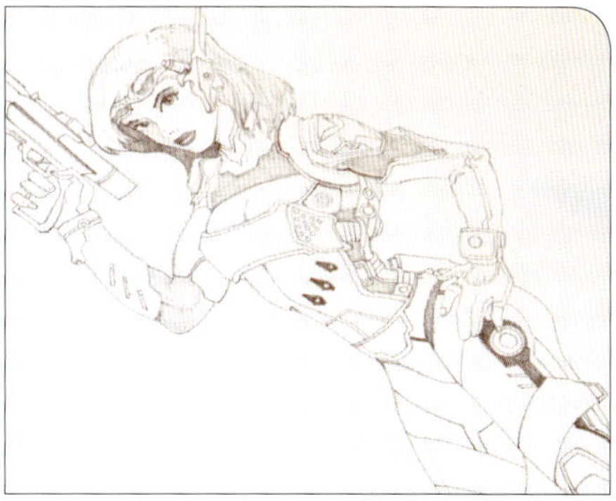

第四步

确定最深的色调都在什么部分，用软一些的4B铅笔填涂。然后用稍微硬一些的铅笔在阴影区域再画一遍，填补那些剩余的留白部分。这时同样也要注意避免弄脏画面，因为你正在“封印”黑色的区域。

至于眼睛部分，可以先用铅笔勾画高亮的区域，然后在其周围加深颜色。眼角部位也需要弱化色度。

记住上嘴唇的颜色经常要深于下嘴唇。尽量描画形态，而非形状（否则便会平面化）。

第五步

用多种技术加强不同地方的对比度。由浅色调开始，慢慢加深。不要怕加深颜色，不要在浅色区域和深色区域间留白。这样中间色调才能增加细节，突出图像轮廓。

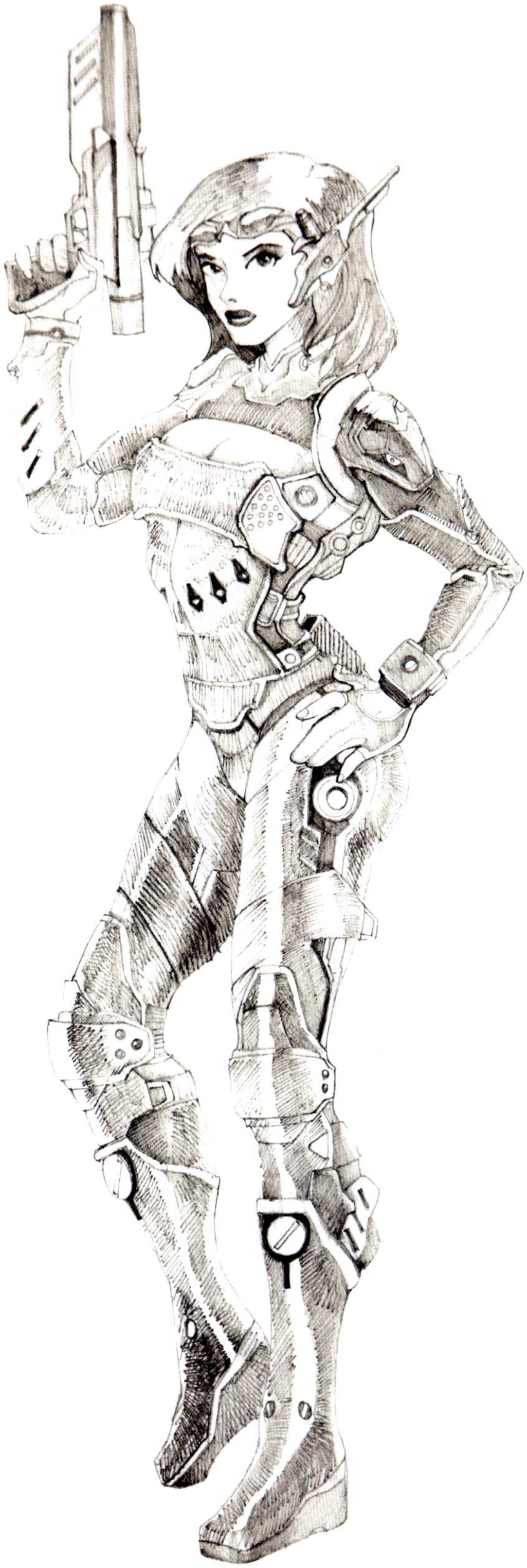

第六步

成稿上细致和粗糙的线条展现了盔甲的材质。你可以用绘图像皮擦出高光，用可塑橡皮来擦出一些稍弱的亮部。调整色调的时候，眯起眼睛观看你的画可以帮你去掉不必要的细节，让你更专注于主要内容。人们的眼睛总会先看到对比最强烈的地方，所以大胆地按照你的意愿掌控观者的视线焦点吧。

钢笔

你可能会选择扫描你的铅笔素描草图，然后在电脑上进行数字着色。如果这样的话，肯定、清晰的线稿就十分必要了。

有些扫描仪可能不太识别颜色淡的铅笔素描草图。最好的解决方式就是用钢笔重新处理一下你的画稿。你可以用黑色墨水，或者许多彩色墨水建立灰度图。这都取决于你是否想要进行数字着色。

墨水

墨水分水溶性和非水溶性两种，前者用起来跟水彩一样，可以用水稀释出浅一些的色调。丙烯颜料同样可以用水稀释，干了之后还是防水的。

防水墨水：干后不溶于水，且比水溶性墨水稠密；可用于光泽处理，适合绘制精细的画作。

水溶性墨水：干后可溶于水，会浸入画纸；用于营造亚光效果，适合在防水墨水之上继续作画。

丙烯和水彩：干后不溶于水，颜色也不会因光照褪色；可以像水溶性墨水一样使用，但不可与之混用。

钢笔

绘画钢笔拥有各种形状和型号。

蘸水笔和钢笔尖：灵活的钢笔尖可以通过控制用笔的力度，画出多种粗细和质感的线条。

竹笔和芦苇笔：钢笔尖可以画出粗细一致，但质感、粗糙度不一的线条。而芦苇笔可以通过锋利的小刀削出合适的笔尖形状。

毛笔：灵活，而且尼龙材质的毛笔笔尖可以画出流畅的书法线条。

圆珠笔或签字笔：实用且经济的绘画工具，适用于绘制草图和涂鸦。

加强色调和质感

刚开始用墨水作画的时候要尽量让画出的标记和线条肯定些，即使这意味着可能会废弃一张画作并重新开始。不过这种画法能让你学到很多技法。如下是一些适合初学者练习的笔法。还有，这些标记也可以用大多数数码软件，尤其是Painter软件来实现。

用钢笔画出交叉的平行线，营造出逐渐加深的暗部和均匀的色调。

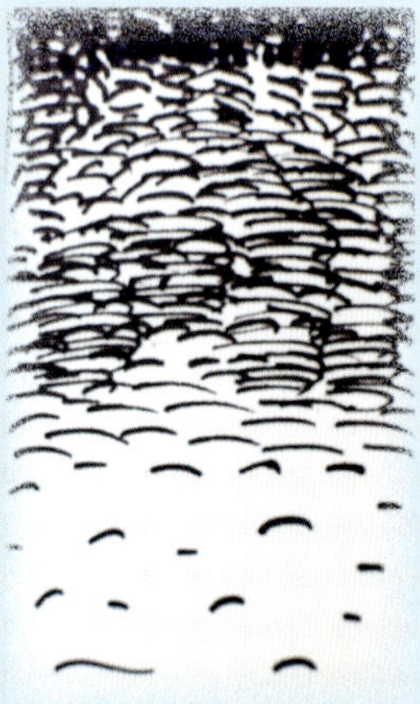

短笔触可以创造出短小的毛茬或皮毛的效果。这是种较为无序的笔处，用于渲染有机的表面。

用钢笔点画是营造色调最耗费时间的方法。你可以用长时间的“填涂”，获得对图像效果最大程度的掌控。

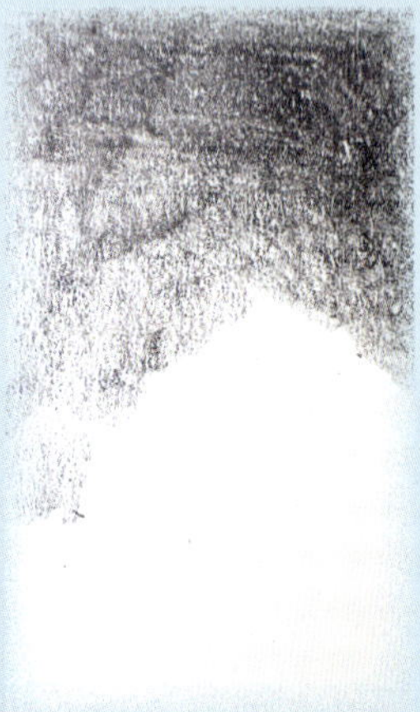

越密、越集中绘制的部分，色调就会越深，从而表现出不同的色调梯度。

使用白色丙烯墨水调整。这种墨水干后是防水的，然后可以通过笔刷画出多种不同的透明度。

跟随物体曲线的轮廓阴影线和重合的线可以使色调更深，加强物体结构。

第一步

用拷贝纸盖好按照第109页指导而画出的铅笔稿。将两张画纸在顶部用胶带粘在一起，并放在玻璃上。从玻璃下面给光，然后用墨水重新描画一遍铅笔稿。或者，直接用墨水描画铅笔线，然后将铅笔线稿擦掉。

第二步

用钢笔给铅笔线稿均匀描线，注意千万不要画错。在给线条加深或阴影处理前一定要将素描草图完全铺展开。

第三步

开始加深线条。应先考虑好画面的哪些部分的颜色最深，由这些区域开始。以这幅画为例，光是从右侧照向脸颊的，那就在左侧的脸颊上增加阴影。

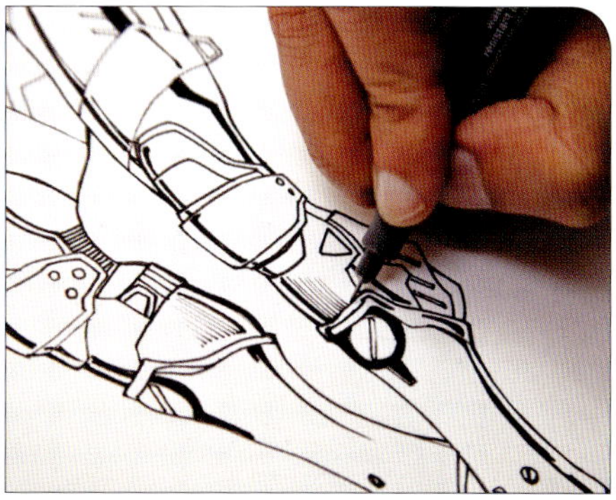

第四步

用马克笔或粗一些的钢笔将画作的主要区域描为纯黑色。这些纯黑色区域可以作为你接下来细节填色的指引，如图所示。

第五步

用阴影加强结构，营造表面材质。应先考虑好每个部分是有光泽的还是暗淡的，是平滑的还是粗糙的。你可以使用多种手法来加强这些想法。

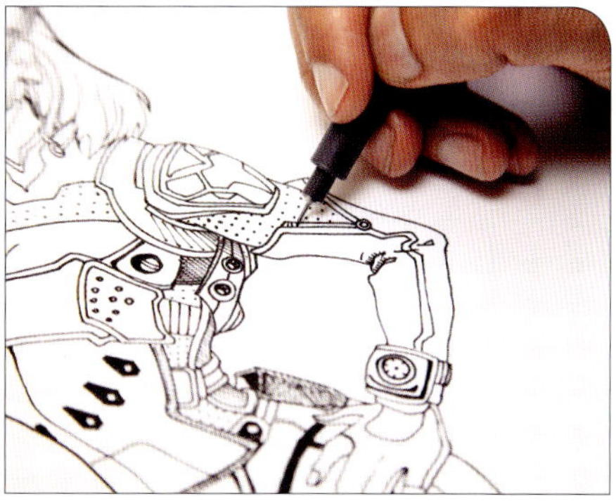

第六步

确定哪些区域是图案，哪些是阴影。这里在合成橡胶质地的内层盔甲上，添加了均匀排列的圆点。

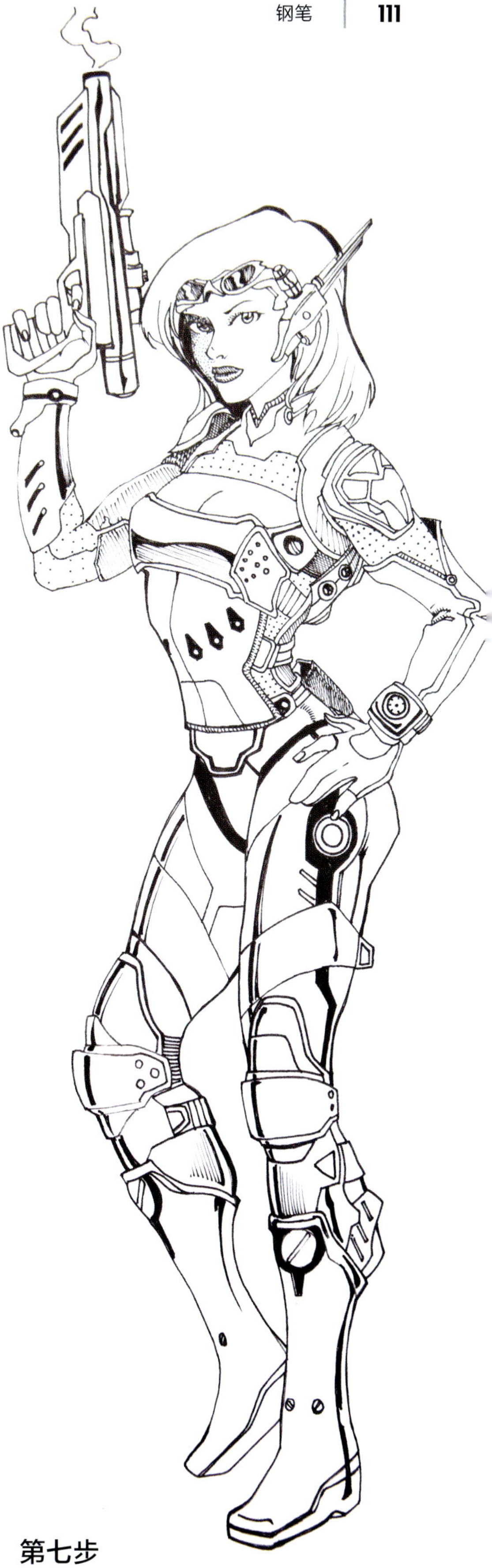

第七步

因为钢笔画比其他材料的画作更易突显对比度，再次审视一下你的画作，确认各个细节的清晰度。确保线条的质感突出了形象，黑色区域没有喧宾夺主。现在就将你的画作扫描进电脑吧。

数字化工具

尽管仍然有一些设计师们继续使用水彩或丙烯等传统材料来作画，但大部分已经进入了数字时代。我们已经见识过用铅笔或炭笔在纸上绘出的那种自然美，但现在绘画软件的应用可以让传统介质不可能创造出的图像变为可能。不过首先，你需要拥有正确的装备。

数字画布

你可以选择任意品牌的电脑。苹果电脑确实是影片编辑和平面媒体编辑的主要平台，但是对于游戏开发来讲，还是得选择PC电脑。大多数PC电脑操作系统都配有可以让你绘画、着色和编辑图像的软件。你还可以下载Photoshop软件，或许多其他种类的数字绘图软件的免费试用版，如ArtRage、Pixia或MyPaint软件。

数字绘图

许多设计师直接开始三维模型制作，风风火火地开始进行设计而不再绘制素描草图。这种工艺新颖而且先进，毫无羁绊。如果你也崇尚这种方式，最必不可少的设备就是一只手写笔和一块数位板。手写笔模拟了自然绘画的动作。数位板有很多尺寸，价格也相应不同。小一些的数位板价格，大部分设计师还是可以承担的。数字笔刷模拟了实际毛笔的效果。由于数字设备的诞生，许多游戏工作室已经放弃了二维的概念，而直接创建数字“概念造型”。如果技术小组要求快速三维建模和动画测试的话，就更当如此了。

其他工具和设备

扫描仪是一个物有所值的投资，因为它往往附带一个基本的照片编辑和绘画软件包，或是一个简装版的专业软件包。一台便宜的数码照相机也是有力的“武器”，因为它既可以用来收集素材，也可以拍摄一些便于数字编辑的图像，最终应用在游戏场景中。

必要装备

电脑

个人电脑早已经成为幻想类设计师们的理想工具。它的快速处理器和平板显示器都是成为幻想类设计师、插画家和卡通画家的最爱。

快照的帮手

口袋大小的数码照相机是获取参考场景和人物素材的最佳途径。照片可以转进入你的电脑，作为你幻想画作的参考图像，可在此基础上加以着色或描绘。

保证你的分辨率

一台扫描仪是将你的铅笔画或钢笔画转至电脑的必要工具。扫描仪可以按照不同的分辨率复制你的作品，所以请记得使用高分辨率来保留主要细节。

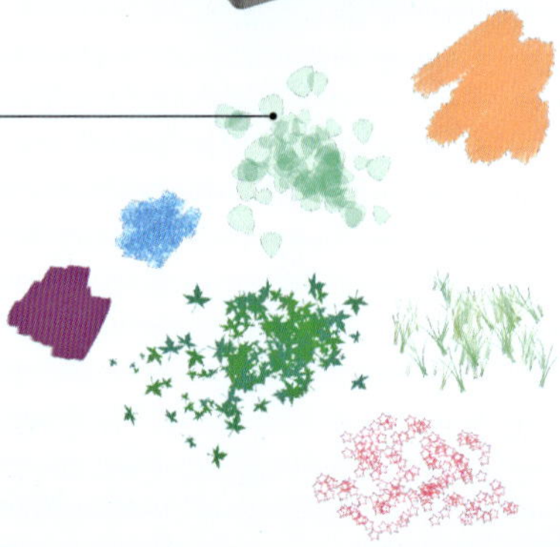

数字笔刷

大多数绘图软件都可以在笔刷工具箱一栏设置笔刷的种类和尺寸。大多数传统的绘画介质都可以模拟，从丙烯颜料、油画颜料到水彩颜料、水粉颜料。

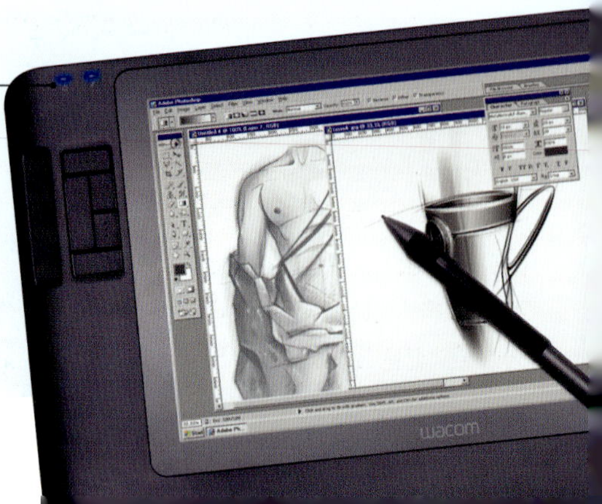

Cintiq数位板

现在所有传统媒介画成的作品都可以数码复制成数字格式。Cintiq数位板是设计师之间的流行工具，但是绘画板可以成为低价替代品。

软件选择

接下来要介绍的是几款最具竞争力的二维和三维渲染绘画软件。如果你需要更为详细的信息进行选择，请参考相关说明或在网上寻求帮助。

PHOTOSHOP软件还是PAINTER软件？

基于像素的绘图软件会使用少量的数据来呈现屏幕上的像素，是编辑照片和图画的理想软件。Adobe公司的Photoshop软件是许多幻想类设计师首选的像素绘图软件。

本书中数字绘画技巧的图解都是用Photoshop软件处理的，但是还有许多替代软件值得你考虑，尤其是Corel公司的Painter软件。它是一款富有竞争力的实用软件。请查看页面右侧栏关于两种软件的实用区分。

其他软件

Illustrator软件： Adobe公司的Illustrator软件使用数学方程式和PostScript语言产生图像，而且只需创建很少的文件，其中包含的图像在放大时还不会失真。

Pixologic公司的ZBrush软件和Autodesk公司的Mudbox软件： 高细节的造型软件，可以模拟出使用多种工具雕塑泥土的创作过程。你可以同时保存多个图层的细节，分阶段创作自己的作品，并可以随时保存。这些软件都自带一些可以编辑的起动模型。

Autodesk公司的Maya软件和3ds Max软件： 这些软件程序包的特色是拥有游戏设计师想要的一切工具：三维建模、阴影和材质效果、布料模拟、视觉效果、图像渲染等等。它们还都具有一整套的动画制作工具。每种软件都有一系列基本可以让设计师完整完成创作的工具。尽管最初由不同的公司发布，不过目前这两款软件都在Autodesk公司旗下。Maya软件在电视和电影行业很是流行，广泛应用于搭建视觉效果、电影视觉预览和三维动画制作。

特价软件

购置高级软件总是花销不菲，但是软件下载和免费适用就再合适不过了，因为你可以在付费前体验一下。大多数软件程序都提供30天试用版本的免费下载。这其中就包括优秀的图像创建软件ArtRage、Pixia和MyPrint软件。Google公司的SketchUp和Blender软件也都是免费的。在你钟情于一款软件前，可以先下载几款提供免费试用的软件体验一下。

Painter软件的优缺点：

- Painter软件模拟了自然绘图媒介。它几乎拥有所有种类的笔刷效果；
- 画布可以自由翻转，就像翻纸一样，笔刷的尺寸也可随意调整（按住Ctrl键和Alt键，拖出你想要的尺寸）；
- 拾色器设置成色环的方式，操作便捷，实用性强；
- 自定义笔刷功能很强大；
- 可以引用自定义画纸，调整简便；
- 使用过多图层时反应速度较慢；
- 大量的笔刷、画纸、笔刷设置、图层种类和操作界面，对有些人来讲过于丰富了。

Photoshop软件的优缺点：

- 笔刷创建没有Painter软件那么出色，但还是很强大且高效；
- 格式编排选项操作便捷；
- 同样可以出色地模拟自然绘图媒介，但是操作比Painter软件复杂。而且你需要调整笔刷设置或创建新的笔刷。默认的笔刷种类和功能都比较有限；
- 强光模式、正片叠底、柔光模式等图层设置功能都非常有用。图层系统能够处理大量的图层数据，同时还支持非常多的“非破坏性编辑”设置；
- 没有自动存储功能。

◀**数字着色**

数字着色快速而且高效，数字笔刷正迅速成为全世界幻想类设计师的首选表现工具。

详解Adobe Photoshop软件

没有任何一款软件拥有 Photoshop 软件这般广泛的功能。自打二十年前这款软件应用于游戏设计以来，它已经成为了游戏行业的标杆产品。

熟悉Photoshop软件中的全部工具并不现实。数字幻想类设计师应该知道如何使用如下这几个功能，绘图和绘图工具、选择工具、滤镜和图层并熟悉一些图像菜单即可。

绘图和绘图工具

你可以使用笔刷或钢笔工具进行数字绘图，你的选择会受到硬件和手部的支配。如果你拥有绘图数位板，笔刷工具就是更好的选择。因为手写笔可以创造出干净、自然的线条，就像你用一支钢笔或毛笔画出的一样。如果你使用的是鼠标，钢笔工具就更好了：它利用矢量原理创建出平滑的曲线线条，还可以随时进行修改。

你的钢笔线条能够在路径选择板上看见。你需要存储它们，而不是将它们作为“工作路径”。你还可以分别为每个对象存储路径。培养之前所述的良好工作习惯能够使你事半功倍。

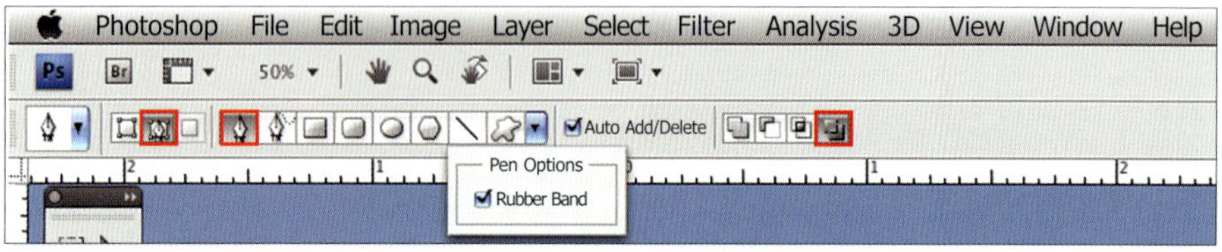

◀钢笔选项

设置钢笔选项，使用橡皮带工具可以将自己正在创建的路径看得清清楚楚。你还需要选择图中标识的其他几个选项，尤其是当你使用鼠标工作时。

操作集（The Action Set）

操作集记录了自动化任务的特征。这可能意味着同时变更几个文件的文件名，或改变它们的属性，转换格式或调整图像尺寸。许多图像要求有相似的样子，这样操作集才会是项目的基础。调整扫描图像的基本步骤，比如载入一个选择对象和填充颜色来改变图像，这些都可以储存为一个操作集。

使用操作集面板可以录制、播放、编辑和删除单个动作。你也可以使用这个面板录制和加载动作文件。播放一个动作就会执行动作文件中已经录制的一系列命令。你可以通过在每个动作旁边的选择栏里打钩和取消，排除某些特定的命令，或仅仅播放某个单独的命令。你可以录制自己选择矢量工具的操作，以及剪切、切片、魔术橡皮、渐变、油漆桶、文字、形状、标注、滴管和颜色取样器等工具的操作，还可以录制着色、路径、通道、图层和风格等。当你创建一个新的操作集时，你所使用的命令和工具都可以添加到了操作集中，直到你停止录制为止。

操作集的功能对幻想类设计师来说如同艺术过滤器和混合图层。如右图所示那样，着色器的应用将会为一群生物创造出相似的风格。

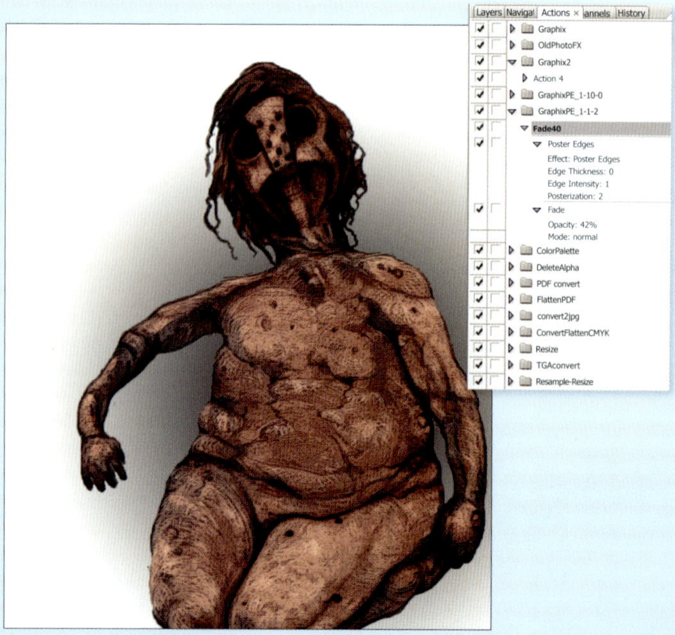

原画草图

原画草图扫描后在Photoshop软件中打开。

Photoshop界面

如果你对Photoshop软件还比较陌生，本文的介绍能够让你对数字绘图的主要工具有所了解。

❶ 油漆桶和渐变工具
❷ 文字工具
❸ 画笔和铅笔工具
❹ 魔棒工具
❺ 工具选项
❻ 色板
❼ 图层和路径选项板；蓝色区域为当前图层
❽ 信息菜单按钮展示的是RGB和CMYK值的选择区

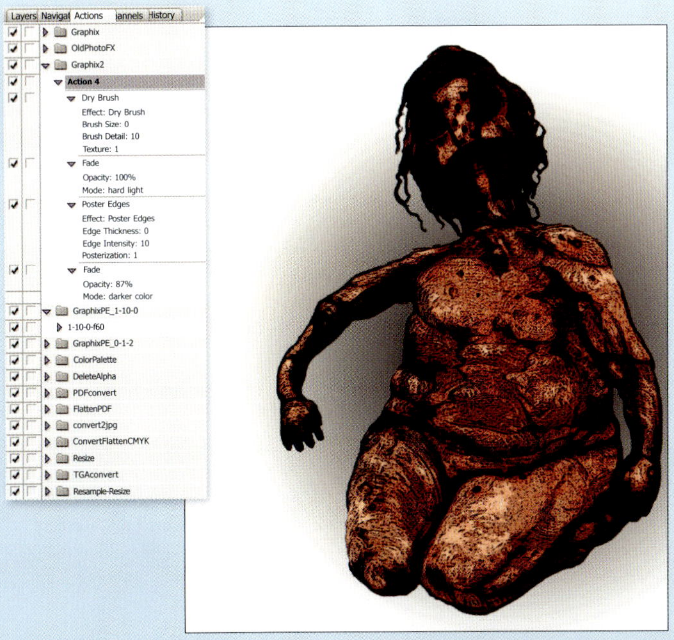

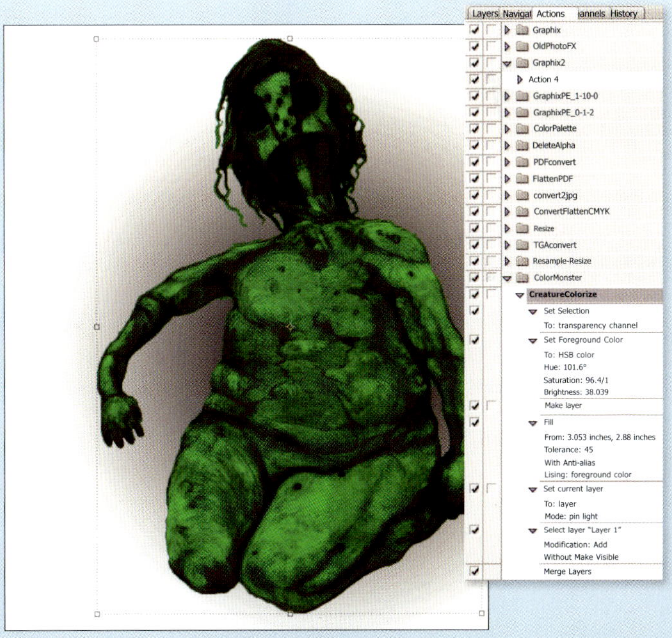

海报边缘滤镜设置

海报边缘滤镜应用于原画的扫描，它具有增强图像线条的三种设置："边缘厚度"，"边缘强度"和"海报化"。这里，"边缘厚度"设置为0，"边缘强度"设定为1，"海报化"设定为2。保存这些设置，你可以将这套处理方案应用于整支外星军队的设计中。

透明度选择

原画草图可使用"透明度选择"遮挡新的色彩图层，然后使用"点光模式"混合，这样原画就有了彩虹色的光泽。这个操作集由五步组成：设置透明度选项；选择前景色；制作一个新的图层，并填充所选择的前景色；设定混合模式（"点光模式"）；合并图层。

路径制作

用鼠标创建路径，先在一个适当的区域创建一个点（比如说边角处）；然后再创建另一个点，点住鼠标从一个点拖至另一个点来创建弧线。重复这种操作直至返回起始点或线条的终点。最后，所绘线条可通过“手柄”进行微调。

从路径到线条

如已经完成铅笔稿上的路径创建，就需在图片上添加黑色线条。应先在图层面板下创建一个新的图层，以免使线条偏离原画稿。请务必将前景颜色设置为100% 纯黑色。

▲ 第一步

扫描原始素描草图。

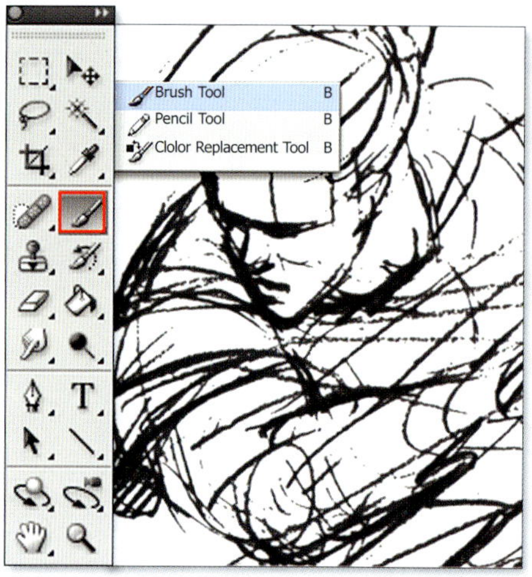

▲ 第二步

选择笔刷工具。

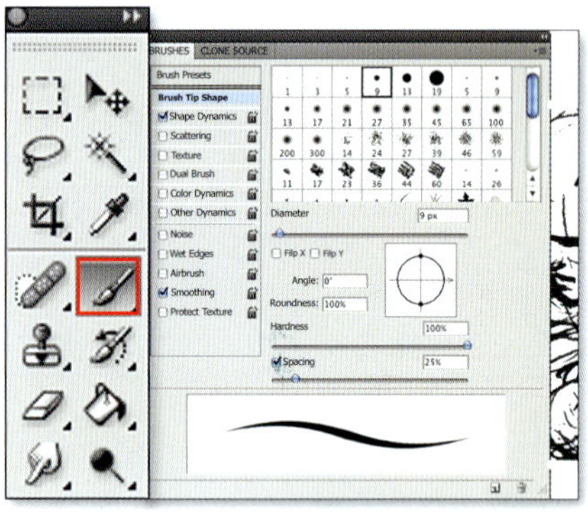

▲ 第三步

在笔刷菜单中为线条选择合适的笔刷尺寸。

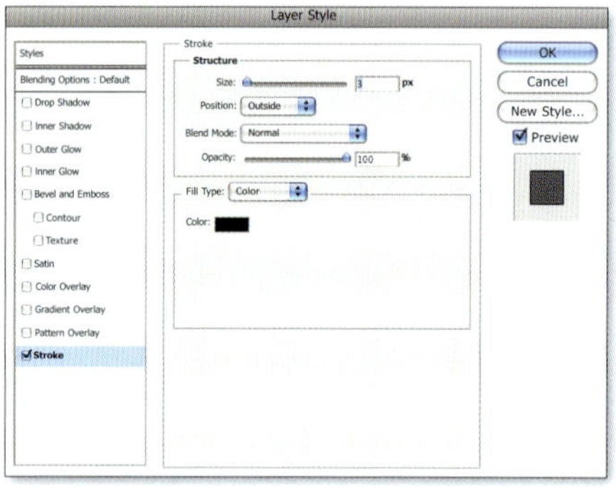

▲ 第四步

选择一条路径，然后在路径选择菜单中选择“路径描边”或“子路径”选项。

▲ 第五步

选定路径的周围会产生三像素（three-pixel）线条。如果要添加更粗的线条，可选择更大笔刷的尺寸并重复如上操作。

蒙版

蒙版工具是一款你应该了解的工具，它就像电子版的蒙片胶，可以帮助设计师在使用喷笔时遮挡住不需要涂色的区域。Photoshop软件的蒙版工具支持应用于某单一色板的操作。

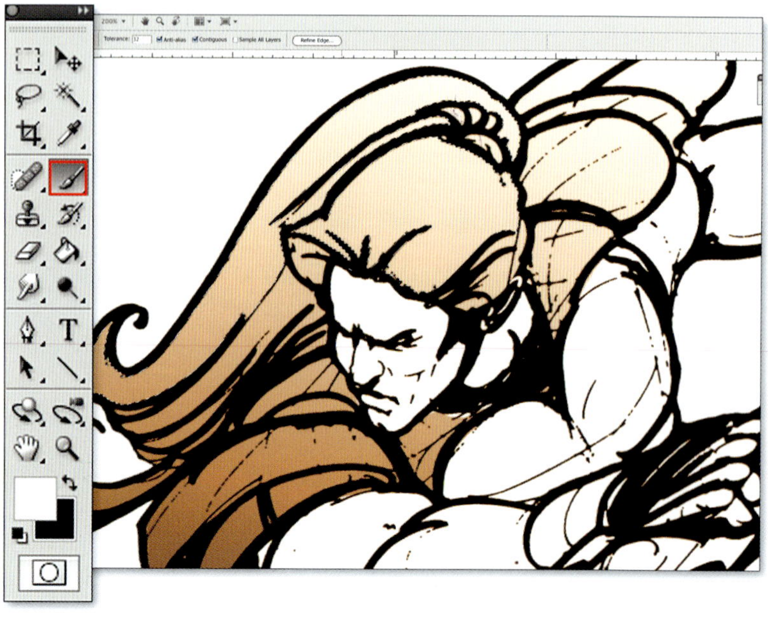

▶ 快速蒙版

遮挡一块区域的快捷方式是使用魔棒工具。如同油漆桶工具的操作方法，点击相关区域后，该区域会成为这一图层中唯一活动的区域。因此你可以使用一个大号笔刷沿着边缘将颜色喷涂在上面。

图像着色

一旦你的素描草图用钢笔描过边，接下来也就该涂色了。如果需要打印，你需要使用四分色或CMYK色值（蓝绿色、洋红色、黄色和黑色）；如果仅仅在显示屏上展示，则需使用RGB（红、绿、蓝）就可以了。需要注意的是，Photoshop软件的许多滤镜都只能在RGB模式下工作。另外需要注意的是黑色线条。如果你使用灰度模式给素描草图进行钢笔描边的话，一旦你转化成CMYK，就会产生四种颜色合成的黑色（又称原黑或深黑）。优势是你的线条稿若放置其他颜色上时，不会发生透印，而你使用100%黑度的时候就会出现透印。这种现象的产生是由于黑色墨水是最后打印的。如果你在图像中添加文字的话，就要使用100%的黑色而非原黑色，因为这样会使打印机更好地打印出不同的文字。

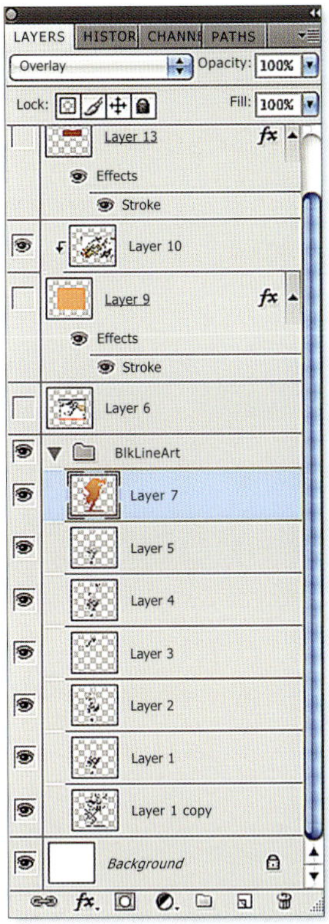

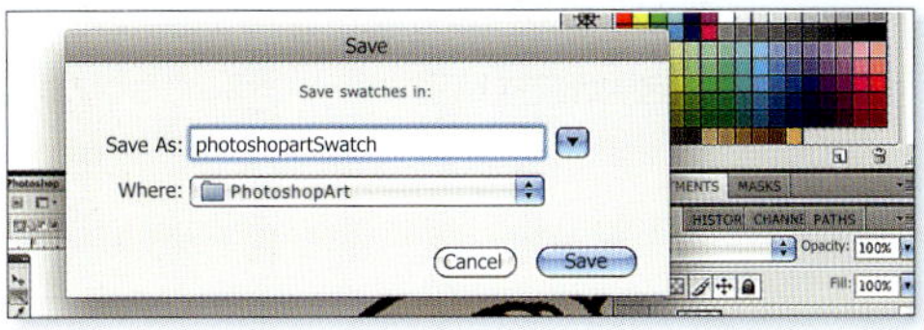

▲ **颜色样本**

当着色涉及一系列图像的时候，为了保证颜色的统一性，创建一块随时可以加载的颜色样本是个不错的主意。在“色板”菜单下选择“保存色板”，为给它起个名字然后保存。想要调用这个色板的时候，选择这个菜单下的“加载色板”即可。

◀ **多图层**

在图层面板中，设定混合模式为正片叠底模式。这会使白色区域变成透明的，而且黑色线条和任何阴影都不受影响。

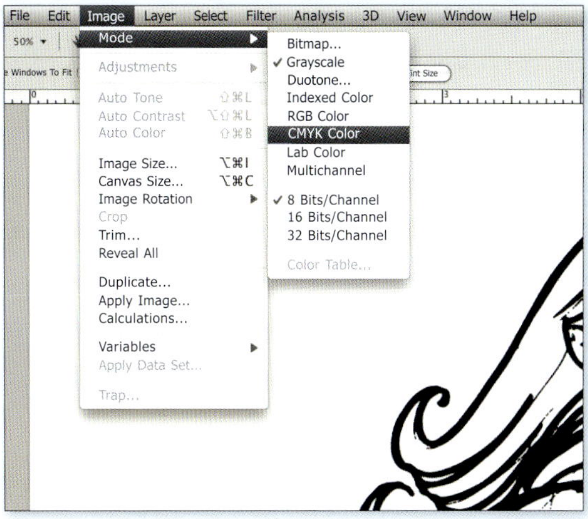

▲ **模式变更**

灰度或位图图像需要改变成彩色模式。打印时选择CMYK模式，屏幕显示用RGB（或者使用特殊的滤镜和效果）模式。

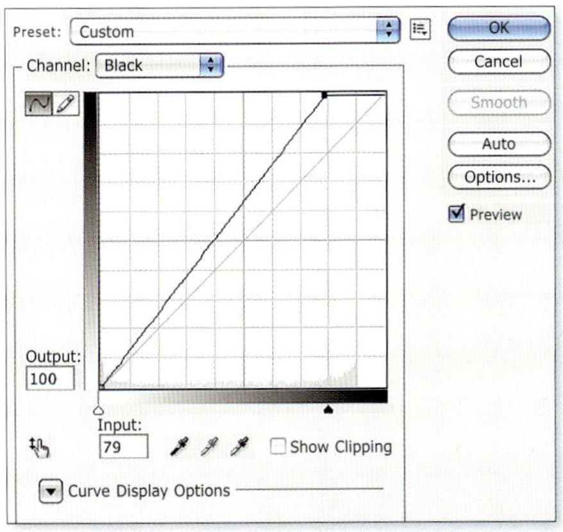

▲ **曲线**

黑色可以转换成CMYK中的黑色或是RGB中的黑色。如果你正在调整印刷颜色，可以上调线稿层的黑色通道曲线数值至100。

▲ **油漆桶着色**

为你的图像着色最快速的方法就是使用油漆桶工具。为颜色或目标创建一个图层，在工具选项中选择“全部图层”选项。你可以设定的容差数值取决于线稿。以图示为例，一些淡淡的铅笔线条有待增加色调，因此设定容差数值高些可以保证所有区域都可以填涂饱满。而遗漏的部分也可以轻易修改。

分层

每种形式的艺术都有各自的层次元素。视觉效果设计师创建如下图层：空白纸面、素描草图、第一次着色等等。这些步骤在大多数情况下都是不可变更的。使用Photoshop软件中的分层菜单可以复制传统的绘画步骤，但是针对着色、水彩或高亮等每一个工具的应用都有相应不可分割的图层。这里选取《古墓丽影》当中的概念草图，展示如何利用菜单中的蒙版选项来建立图层。

第一步

首先将一幅最初的概念草图扫描进电脑，并加载在一片白色的背景上。内部元素经过图层菜单中的蒙版选项一一加入。最后，前景废墟上高亮的光束绘制在一个独立的图层上。

第二步

接下来的步骤是要将一些玛雅雕塑和石像等图像元素加入。基础图层展现的是石像和雕塑图案的痕迹。使用场景中的阴影蒙版选项，将图案粘贴至玛雅石像或雕塑的废墟之中。每一块元素都需要转化、调整尺寸、旋转或扭曲，尽可能紧密地与相应的阴影混合，加强阴影和线条的表现。

第三步

更多的图像元素（比如土坑中的廊柱和远处墙上的刻字）添加在单独的图层上。操作集可以激活并用于锐化线条细节。

第四步

将背景部分的山峰创建在一个新的图层上。它要比前景的图像元素更浅一些，以此给人一种遥远和透视的感觉。这种效果可使用编辑选项和滤镜工具实现（详见第120~121页）。

第五步

本图的主要光源来自黑墙上的洞穴，它将前景的废墟遮掩在黑暗之中。这就营造了一种不祥的、令人不安的气氛。接下来，当气温、时间和天气等因素都考虑在内时，这种氛围就会更加明显了。

第六步

烟、雾效果都通过将不透明度调整至30%的笔刷绘制出来，然后通过反复模糊涂抹处理直到实现理想的效果。火焰的图层添加在前景的碎石堆中，火焰的颜色通过笔刷喷涂在附近物体的表面表现。而积水图层则是添加在前景低洼处，反射周围图像元素的效果也可在此加以添加。积水的图层是使用工具选项中的“椭圆和套索”工具制作的，然后喷涂了适应场景光线的颜色，再施加一系列诸如混合，覆盖并柔和光线，涂抹和弱化等处理，直到积水图层融入场景。背景的山峰也融入进了远处的天空中。

艺术效果滤镜

Photoshop软件有几种艺术效果的滤镜，提供各式各样的绘画和图形效果。在“滤镜”菜单下的“艺术效果”选项中有15种不同的绘画和图形效果，每一种都有各自不同的设定。“干画笔”、“彩色铅笔”、“木刻”、“粗糙蜡笔”和“绘画涂抹”等效果都是对数字幻想类设计师最有用的工具。

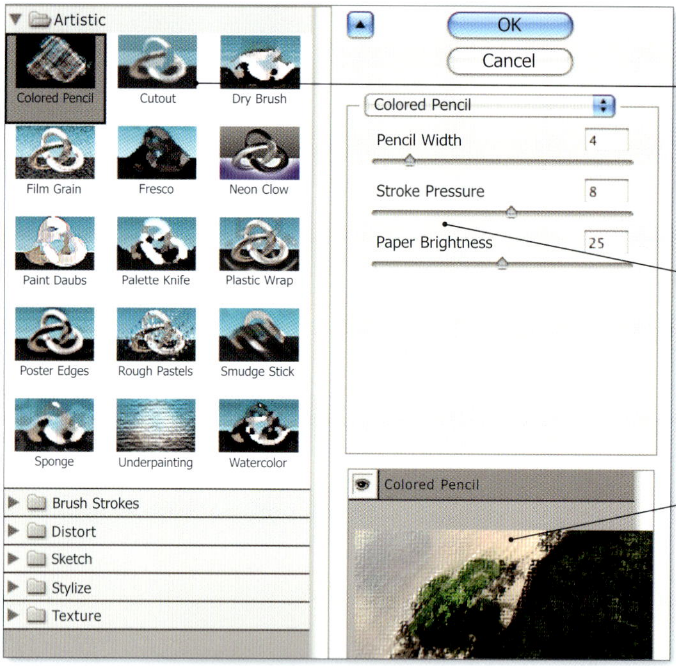

在“滤镜选项”中选择需要的滤镜效果；本图例使用的是“彩色铅笔”效果。

然后你会看见诸如“描边压力”和“铅笔宽度”等选项内容。

所有滤镜都提供预览，你在调整滑动块的同时，图像也会产生相应变化。

◀原始图像

这幅是一座岸边庙宇的概念原画。在应用任何滤镜前，请先将细节丰富的原始图像存储起来，副本可以用来试验各种滤镜的加载效果。

◀粗糙蜡笔

在亮色区域，蜡笔会使线条表现得粗些，但纹理不多；在暗色的区域，蜡笔则会显现出画布底下的颗粒效果。这种效果就像风雨交加一样，干扰玩家在游戏中的视线。

◀绘画涂抹

“绘画涂抹”工具的应用支持不同的笔刷尺寸（从1至50），而且不同的画笔大小具有不同的绘画效果。这些设定可以产生典型的油画效果，比如田园景观的氛围，但是通过调整画笔大小和锐化程度，你可以创建出完全不同的情景。比如将锐化程度设置为零，画笔能够淡化细节，使画面的整体外观变得柔和。

◀涂抹棒

“涂抹棒”工具能够通过使用短小的对角线混合暗色区域，柔化整体图像。浅色区域会变得明亮些，但会丢失一些细节，会有点像热带风暴的效果。

编辑模式

Photoshop软件中有多种编辑模式能够帮助你创造幻想艺术氛围。如下展示的原始图像已经经过“涂抹”、“分层”、“擦除”和“调整”等处理。但是在软件中，还有几种编辑模式可以供你使用。

▶原始图像

这个图像需要进一步的润色，创建出相应的氛围。原始图像在Photoshop软件中保存成一个单独的图层，然后使用以下展示的诸多编辑模式进行处理。每一种“编辑”模式也都保存为一个新的图层，这样重新来过就会更容易。

▼最终图像

下图中的两把火焰宝剑担任了游戏场景中的重要角色，比如只有当玩家非常接近雕像时它们才会显现。你可以留意一下这个设定给图像增加了多少乐趣。两把宝剑平衡了画面的整体效果，突显了危险的感觉。诸如此类的最后润色工作通常是整个游戏设计的关键部分。

头冠上的火焰形状是使用“涂抹”工具制成的。这个图层随后通过使用“颜色减淡”模式与其他部分融合起来，并编辑出宝石的光芒。

宝剑在单独的图层上创建。外形是使用“套索工具”绘制出来的，然后再填充嫩黄色而成。

第二把宝剑的创建只需复制并粘贴第一把宝剑，并翻转图像，然后将复制图像定位即可。

宝剑边上的火焰是用“涂抹”工具制造的效果，就像用手指模糊轮廓线上的颜色一样。

创建一份成功的作品集

既然你一直努力工作，也积累了相当多引以为傲的工作经验，那么现在就准备好去创建一份成功的作品集吧。下面，我们将告诉你该怎么做。

如果你想和潜在的雇主在一个良好的氛围中继续交流，那么就要向他们展示出你非常优秀的作品。因为只有这样才能便于观察和理解你的能力。首先，只要确定好自己最擅长的工作，然后挑选一些可以反映自己这方面天赋的例子就可以了。

我的作品集应该由什么组成?

一份成功的作品集，应该有一些插图和概念创作，当然也可以包括生活画稿。这会让潜在的雇主知道，你有很扎实的基本功。游戏这一行业需要各种各样的技能，但是基本技能是能帮助你克服一切事情的根本。因此，即使你只是3D行业里的一个新手，但是你有绘画方面的技能，这也能展现你真正的潜力。

你要列举展示出环境和人物画稿，但是记得最重要的仍然是展现出你最好的那一面。最好的方法是展现你围绕同一个主题所创造的一系列人物。这会让观看者发现，你可以就同一风格创造出各式各样风格多变的人物。例如，现在就让我们来想象，你正在描绘关于“拯救世界末日”这款游戏中的一系列人物。游戏中的一系列人物会浮现在你的眼前：一个粗犷残忍的武士、一个瘦高木讷的科学家，还有一个年轻热情的女性。在同一艺术风格中，三个截然不同的人物，这正是在告诉大家，你可以做得比“一个风格一个人物”更好。这对于环境的创作也同样适用。

我应该包含多少作品?

选择性地展示十至二十件作品，而且要展示出你最好的作品。要记得你的作品是要供许多人观赏的，而且你必须假设自己没有机会再去阐述始末及原由。这点是非常重要的，因为在你的作品集中，观看者将会抓住你的弱点。例如，你可能有十个经典的三维模型，而且也已经尝试通过自己的努力将此制作成动画。虽然你的动画制作水平没有达到同样高的水平，但是评估者却会认为你觉得自己的动画制作和三维作品一样好。于是，他们就会想进一步了解你对一个好作品所包含要素的认知。所以这些可以保留到面试环节，你再来解释自己已经尝试制作的一些动画，尽管只是刚刚开始，但是你渴望学习和成长。或许一些专业之外的东西会让你通过面试。

▼展示你设计的一些人物

一份作品集必须包含你所设计的一些人物，而且是属于同一款游戏的。这样的话，说明你可以在特定的风格下，创造出风格多变的人物。

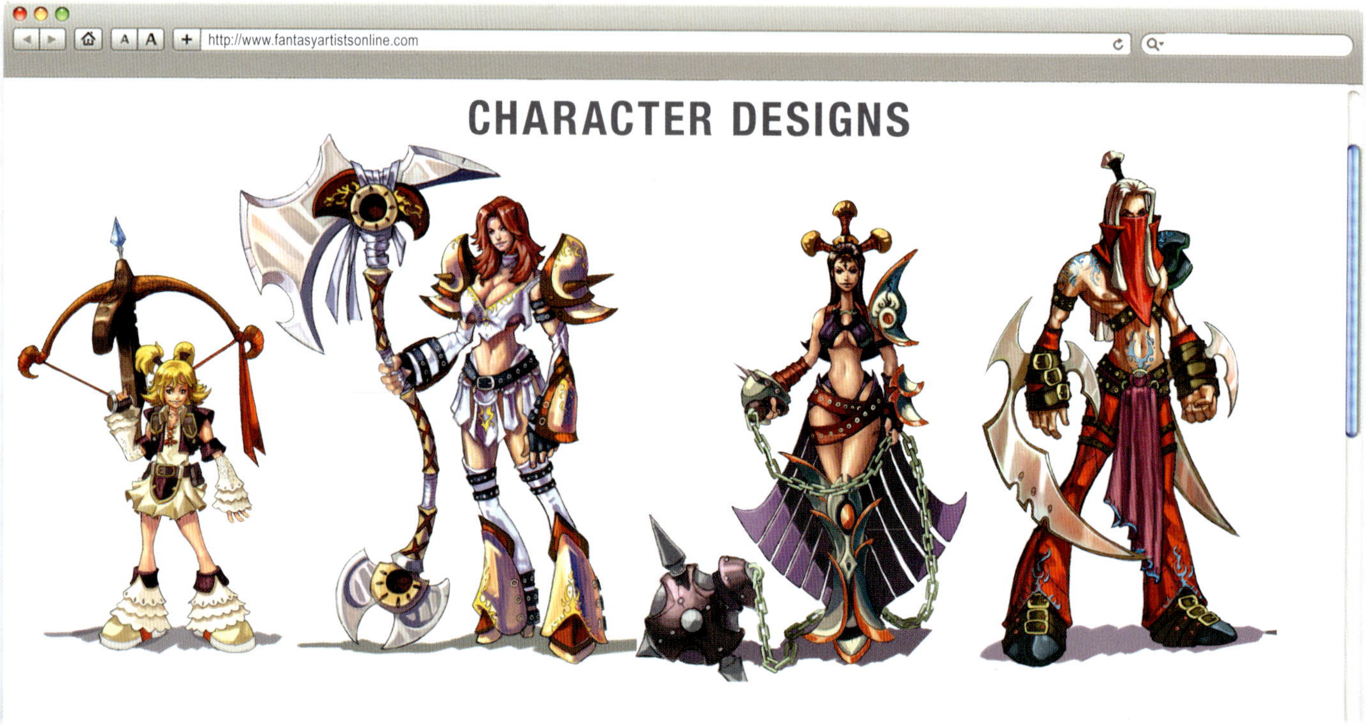

动画技能

如果要展现动画方面的技能，最好展现走和跑等一系列动作。确保你的动画演示流畅连贯，一气呵成。

需要大篇幅证明我们的专业知识吗？

有必要时，作一些简短的解释即可。假设许多人会迅速地瞟过你的作品，因为他们要在一顿饭的时间看几份作品集。一旦他们喜欢你的东西，他们才会再仔细地欣赏。这样一来，这些简短的解释便会加强他们的视觉冲击，并让他们更全面地了解你。有些话虽说简短，却也能蕴含大量的信息，比如项目的名称、用过的软件、纹理的尺寸、多边形的数量等，这些对于面试官来说已经足够了。

展示三维作品和动画制作

当你展示三维作品时，最好全方位地展示。最好用活动的造型去展示你的模型。如果可能的话，制作一个影视文件，让这个人物或物体不停地360° 旋转。向大家展示一下，你的细节处理和无可挑剔的终稿。如果你仍然处于优势地位，那么接下来就展示一下完整的人物和多边形建模造型。这样的话，观看者就会知道你的多边形建模技术不错。在平面上展示你的材质图像（详见第78页），他们也会知道你能够很熟练地掌握材质空间。最终，观看者会坚信，你理解并掌握了夯实的创建方法。

如果你要展示你的绘画制作，应该展示一个“跑走式”循环。这是绘画制作最基本的模式。你要确保在演示连续性动作时能够做到流畅连贯，毫无停滞。你的作品夹里还应该包括一些动作片段和一系列人物动作。动作应该是能够瞬间赋予人物生命的短暂动作，例如兴奋地欢呼、生气地咆哮、嚎啕大哭、哈哈大笑。这些动作都能够赋予静态模型丰富多彩的生活。

展示的形式

想让一个公司发现并关注你的作品，最好的办法就是把它呈现在网页或博客上。这样的话，你的作品就会被广为流传，并且在邮箱里的作为一个链接相互转发。让你的主页容易操作，并且使用标准文件格式。不要为你的作品设置一些限制，让观看者必须输入密码、下载一些未知程序或视频插件才能观看你的作品。你的网站或博客应该包括：一段简短的自我介绍，网站上的作品类型，和你如此热衷于游戏创造的原因。

作品集包含内容

- 你的联系方式：姓名、邮箱、电话；
- 简短的自我介绍：你对工作充满热情的原因，以及你在游戏行业中的目标；
- 传统的插图设计，含人体造型；
- 列举你擅长的工作：插图设计、三维模型和动画制作；
- 列举你擅长使用的软件；
- 列举你曾经给客户制作过的优秀作品。

求职

当你回复一则招聘启示或咨询一个空缺职位时，要在求职邮件里附上你个人的详细介绍，甚至于要介绍你为什么会是公司的最佳选择。这就是所谓的求职信。求职信给了你一次机会，让你阐述为什么自己会是这个公司的最佳选择。因此在附信里，你也应该展现一些具体细节，让公司知道你对其制作的游戏非常了解。而你可以通过做一些调查、浏览该公司的网站，熟悉该公司制作的游戏和历程。同时，你也应该阅读一些相关游戏的评论、将自己的作品试着投投稿、看看哪儿能免费下载些模板。

我们如何获取更多的信息呢？

关于游戏这一领域，以下有一些网站，可以学习关于游戏制作行业信息，工作招聘，以及该如何开始从事该领域工作的信息。

- 游戏职业指导（www.gamecareerguide.com）
  招聘启示版块、辅导学生进入到专业领域的板块、解决职业生涯中各种问题的板块；
- 游戏开发者杂志（Game Developer Magazine，www.gdmag.com/homepage.htm）
  面向专业人士出版的月刊杂志，涵盖了游戏开发的方方面面，还包括年度薪酬调查；
- DeviantART网站（www.deviantart.com）
  一个可以吸取经验、观看其他艺术家的作品、创造自己的画廊、建立自己的作品集、和其他人分享你的作品，相互评论和批判的网站。通常，在类似的这些社交网络上，随口说出的一个词或许便会给你带来一个工作机会。

索引

鸣 谢

Quarto出版公司对以下为本书慷慨提供的图片的设计师表示感谢：

- Rob Alexander:12br，12bl，14br，14bl
- Daniel Cabuco:108-109，112-111，112
- Lead character artist，Tomb Raider：Legend
- Brad Fraunfelter：17，28

www.bradfuaunfelterillustration.com.
更多信息请联系: brademail99@yahoo.com

- Shaun Mooney: 60-65，70-71
- Linda Ravenscroft: 349

www.lindaravenscroft.com

- Joshua Staub:38-39

www.joshstaub.com

- J.P. Targete:10-11，23t，28，29t，30-31，34，36-37，45br，47，51tl

www.targeteart.com
更多信息请联系：artmanagement@targeteart.com

- Roel Wielinga: 24，25，26-27，115t，116-118

对以下艺术家表以感谢：Karem Byit；Grant Hiller, www.artjunkiefix.blogspot.com; Micheal Komarck; Daryl Mandryk,www.mandrykart.wordpress.com; Lee Petty, www.leepetty.blogspot.com

特别感谢Joe Shoopack和以下Sony Online Entertainment LLC.公司的设计师：

- Dave Browwn II
- Floyd Bishop
- Matt Case
- Patrick Dailey
- Gary Daugherty
- Tad Ehrlich
- Patrick Ho
- Roel Jovellanos
- Steve Merghart
- Edwin Rosell
- Cory Rohlfs
- Tom Tobey

我们向每一位为本书提供大力支持的人表示感谢，同时为任何疏忽或者错误表示歉意。欢迎广大读者为本书进行修订。

版权登记号：01-2012-4959

图书在版编目（CIP）数据

幻想艺术 CG 游戏教程 /（美）斯托纳姆著；刘硕译. — 北京：
中国青年出版社，2012.8
（幻想艺术创作技法系列）
ISBN 978-7-5153-0975-0
I. ①幻… II. ①斯… ②刘… III. ①三维计算机动画 — 游戏 —
软件设计 — 教材 IV. ①TP311.5
中国版本图书馆 CIP 数据核字（2012）第 176745 号

幻想艺术创作技法系列：幻想艺术CG游戏教程

（美）比尔·斯托纳姆 / 著　　刘硕 / 译

出版发行：中国青年出版社
地　　址：北京市东四十二条 21 号
邮政编码：100708
电　　话：(010) 59521188 / 59521189
传　　真：(010) 59521111
企　　划：北京中青雄狮数码传媒科技有限公司

策划编辑：傅丽叶
责任编辑：郭　光　莽　昱　冯　莹
封面设计：六面体书籍设计　唐　棣　王玉平

印　　刷：利丰雅高印刷（深圳）有限公司
开　　本：889×1194　1/16
印　　张：8
版　　次：2012 年 10 月北京第 1 版
印　　次：2012 年 10 月第 1 次印刷
书　　号：ISBN 978-7-5153-0975-0
定　　价：59.00 元

本书如有印装质量等问题，请与本社联系
电话：（010）59521188
读者来信：reader@cypmedia.com
如有其他问题请访问我们的网站：
www.lion-media.com.cn

"北京北大方正电子有限公司"授权本书使用如下方正字体：
封面用字包括：方正兰亭黑系列。